死ぬまでに
行きたい！
世界の絶景
詩歩
Shiho
JN238976
sansaibooks

目 次

004 はじめに
006 本書の使い方

008 絶景01 クレヴァニ 恋のトンネル ウクライナ
011 わたしが行った世界の絶景① マチュピチュ・ウユニ塩湖
012 絶景02 国営ひたち海浜公園 茨城県
013 絶景03 スカフタフェットル国立公園 アイスランド
016 絶景04 カクシラウッタネン フィンランド
017 絶景05 グレート・スモーキー山脈国立公園 アメリカ
020 絶景06 マウナケア アメリカ、ハワイ諸島
021 絶景07 トロルの舌 ノルウェー
024 絶景08 ダルヴァザ 地獄の門 トルクメニスタン
025 絶景09 グレート・ブルー・ホール ベリーズ
028 絶景10 メープル街道 カナダ
031 わたしが行った世界の絶景② ウルル
032 絶景11 トレド スペイン
033 絶景12 シグナルヒル 南アフリカ共和国
036 絶景13 コトル湾 モンテネグロ
037 絶景14 ハルシュタット オーストリア
040 絶景15 スピリットアイランド カナダ
041 絶景16 雲海テラス 北海道
044 絶景17 ゴーザフォス アイスランド
045 絶景18 ニューカレドニア フランス領ニューカレドニア
048 絶景19 ランペドゥーザ島 イタリア

050 Facebookページ「死ぬまでに行きたい！世界の絶景」の56万人のファンが「いいね！」した絶景ランキング

052 絶景20 アンダルシア郊外のひまわり畑 スペイン
056 絶景21 サントリーニ島 ギリシャ
057 絶景22 リオマッジョーレ イタリア
060 絶景23 プリトヴィツェ湖群国立公園 クロアチア
061 絶景24 カナイマ国立公園（ギアナ高地） ベネズエラ
064 絶景25 レンソイス・マラニャンセス国立公園 ブラジル
065 絶景26 紅海灘風景区 中華人民共和国
068 絶景27 ハット・ラグーン オーストラリア
069 絶景28 ダナキル砂漠 エチオピア
072 絶景29 モノ湖 アメリカ
075 わたしが行った世界の絶景③ 屋久島
076 絶景30 バンドン アメリカ
077 絶景31 マーブル・カテドラル アルゼンチン・チリ（通称パタゴニア）
080 絶景32 キャピラノ渓谷吊り橋 カナダ

081 絶景33 天門山ロープウェイ 中華人民共和国
084 絶景34 ブルーモスク トルコ
085 絶景35 なばなの里 三重県
088 絶景36 三游洞 絶壁レストラン 中華人民共和国
089 絶景37 パーテルスウォルトセ湖 オランダ

094 死ぬまでに行きたい! 世界の絶景MAP

096 絶景38 ワカチナ ペルー
099 わたしが行った世界の絶景④ ギザのピラミッド
100 絶景39 ニュルンベルクのクリスマスマーケット ドイツ
101 絶景40 サンミシェルデギレ礼拝堂 フランス
104 絶景41 シャウエン モロッコ
105 絶景42 フリヒリアナ スペイン
108 絶景43 ランタンフェスティバル 台湾
109 絶景44 河内藤園 福岡県
112 絶景45 アイスホテル スウェーデン
113 絶景46 ブルーラグーン アイスランド
116 絶景47 ナヴァイオビーチ ギリシャ
119 わたしが行った世界の絶景⑤ フィレンツェのドゥオーモ
120 絶景48 ラントヴァッサー橋 スイス
121 絶景49 カッパドキア トルコ
124 絶景50 ヤムドゥク湖 中華人民共和国
125 絶景51 モラヴィア チェコ
128 絶景52 九寨溝 中華人民共和国
129 絶景53 竹田城跡 兵庫県
132 絶景54 モンキーポッド アメリカ、ハワイ諸島
133 絶景55 角島 山口県
136 絶景56 パゴダ ミャンマー
138 絶景56 旅行情報 パゴダ
139 わたしが行った世界の絶景⑥ 番外編:日本一周
140 絶景57 南極大陸のオーロラ 南極
141 絶景58 サンタクロース村 フィンランド
144 絶景59 セノーテ・イキル メキシコ
145 絶景60 真名井の滝 宮崎県
148 絶景61 湯西川温泉 栃木県
149 絶景62 チチカカ湖 ペルー・ボリビア
152 絶景63 玄海町の棚田 佐賀県
153 絶景64 富士山 静岡県・山梨県

156 おわりに
158 さくいん

※本書のデータは2013年7月上旬のものです。

はじめに

「はい、新卒研修でFacebookページをつくります。全員で2ヶ月間のいいね数を競うので、みなさん頑張ってください」
こんなひょんなきっかけで、「死ぬまでに行きたい！世界の絶景」(注)はこの世に誕生しました。

立ち上げた当時は、まさか1年後にも更新を続けているなんて、世界56万もの人に支持されるなんて、書籍化されるなんて、想像すらしていませんでした。

2012年4月16日、このFacebookページの誕生日です。
「いいね数を競うなら絶対1位になってやる！…でもどうやって？」その思考の末、思いついたのが「世界の絶景」でした。

もともと旅は大好きで、ひとり旅中心に全大陸上陸や、日本一周などの経験がありました。
「わたしが勝つなら旅しかない」。まず「旅」というコンテンツに絞られました。

またわたしがこれまで旅をしてきた最大の目的は「美しい景色を見るため」でした。
360度白い地平線のボリビア・ウユニ塩湖、生き物のようにその色を変えるオーストラリア・ウルル、数千年の時を超えて存在し続けている屋久杉。
できるのであれば、世界中を鳥のように駆け巡って美しい景色をこの目で見たい…でも、現実はそうはいきません。
せめて、自分が行って見たいと思った美しい景色をストックしておきたい。
しかもそのストックを公開すれば、同じような気持ちの人の共感を得られるのではないか。

テーマが「絶景」に固まりました。

（注）56万人に「いいね！」されているFacebookページ「死ぬまでに行きたい！世界の絶景」
https://www.facebook.com/sekainozekkei （6ページ参照）

装飾語としてつけた「死ぬまでに」というフレーズは、反論も多くありました。
しかしわたしにとって「死」はとても身近なものでした。そして「死」を意識するからこそ「絶景」をよりリアルに感じることができるのではないかと思っています。
ですので、反論がありながらも、「死ぬまでに行きたい！世界の絶景」というテーマに決定しました。

そこからは、毎日が疑似旅行です。
絶景スポットを1日1箇所探しては、ページを更新していきました。
1日で100いいねを獲得し、1ヶ月半で1,000いいね、2ヶ月半で10,000いいねを達成しました。
1年が経過した今では56万人のファンを持っているメディアへと成長しています。

「病気で旅行に行けないから、このページを見て旅行に行った気分になっているよ」「このページで紹介されていたところに行って来ました！」という、みなさんからのメッセージも毎日のようにいただくようになりました。
最初は自分自身のために始めたページでしたが、今ではファンの方々に支えられている、ファンの方々のためのメディアです。

この「死ぬまでに行きたい！世界の絶景」を通じて、ひとりでも多くの方が、ひとつでも多くの絶景に出会えたら、これ以上の幸せはありません。

あなたの「死ぬまでに行きたい！世界の絶景」は、どこですか？

詩歩

本書の使い方

本書はFacebookページ「死ぬまでに行きたい！世界の絶景」から誕生した写真集です。Facebookページとは、ソーシャルネットワーキングサービス「Facebook」上でユーザー同志が交流できるよう、企業や同好会が作成･公開するページのことを言います。「いいね！」を押してそのページのファンになれば、更新情報を自分のタイムラインで読めるようにもなります。

国内外の絶景を美しい写真とともに紹介するページ「死ぬまでに行きたい！世界の絶景」は、現在56万人から「いいね！」を押され、大人気を博しながら、本書の著者である詩歩さんによって更新が続けられています。

ファンのみなさんの「このページが写真集になったらいいのに」という声にヒントを得て、過去に詩歩さんが紹介した中から特に人気があった絶景をまとめたのがこの本です。そして絶景写真を見たら誰もが気になる「どうやったらここに行けるの？」「ここはどんな土地なの？」がわかるように、旅のプロのH.I.S.さんの協力を得て簡単な旅行情報を掲載してみました。写真と旅行情報を眺めながら、実際に旅の準備を始めるもよし、頭の中で旅の妄想を膨らませるもよし。絶景を思いっきり楽しんでください！

❶絶景の大まかな位置を把握するための地図

❷直行便はあるのか？　ない場合はどこを経由するのか？　どれくらい時間がかかるの？　など、絶景へ行くための旅の流れを紹介

❸Facebookページ「死ぬまでに行きたい！世界の絶景」に投稿されたコメント中から、その絶景へ行った方々の貴重な体験談を掲載

❹最短時間で行って帰ってくる場合もあれば、寄り道を提案する場合もある、旅のプラン例

❺その絶景の最もおすすめな季節

❻旅の大まかな予算

❼旅先での注意点

❽あと1日もしくは数日追加して立ち寄りたい場所の提案

❾旅したくなったら問い合わせましょう

Facebookページ
「死ぬまでに行きたい！世界の絶景」
https://www.facebook.com/sekainozekkei

※本書のデータは2013年7月上旬のものです。

※掲載された情報については、旅行の前に最新情報をご確認ください。

※本書の所要時間･費用･アクセスは目安です。状況に応じて変わる場合があります。

※紹介している内容は例年のものを参考に記載しています。今後変わることもあるのでご了承ください。

※掲載情報による損失などの責任は負いかねますので、あらかじめご了承ください。

❶

絶景 06　マウナケア　アメリカ、ハワイ諸島

山頂に寝転がって
流れ星を数えてみたいな

山の景色が
日本とは
全然違う！

❷ **絶景への行き方**

コナ国際空港から19号線を北へ行き、2番目の信号を右折（2番目といっても信号が現れるのは約40分後）。右折したら突き当たりを左折し、「サドルロード」という看板のところを右折。約30分走ると左に最初に曲がる道があるので、そこで左折（ここで既に標高2000m!）。その後は頂上まで一本道。

途中、標高が約2800mの地点に「オニヅカビジターセンター」という資料館がある。ここから上は未舗装の砂利道で、4WDでないと行けない。個人でも行くことはできるが、レンタカーの保険がきかないので、オプショナルツアーをおすすめする。

❸

いいね！　金陽守さん

去年行って来ました。生まれも育ちも東京なんで生の天の川を初めて見られて良かったですよ。あと日本からの観光客はあまりいかないけど、本当の山頂までコースを外れて歩いて登ると360度の絶景に出会えるよ。

たとえば こんな旅　SUPERB TOUR PLAN

1日目　成田 → ホノルル乗り継ぎ
→ ハワイ島
→マウナケア山頂で星空観測
→ ハワイ島
2日目　自由行動
3日目　ハワイ島 → ホノルル乗り継ぎ
4日目　成田着

のんびり南国気分も
味わいたい！

❹

❻

おすすめの季節	旅の予算	旅の注意点
夏	約18万円	頂上付近は、常夏の島ハワイでも雪が降るほど寒いので、防寒着はマスト。オプショナルツアーであれば、ダウンジャケットの貸し出しもあるが、フリースなどをそれとは別に持っていったほうがさらに快適に過ごせる。足元は暗くて危ないので、スニーカーを履こう。また、高山病にならないよう、体を慣らしながら登っていくことと、水分をこまめにとることが大切。
夏がおすすめ。ハワイは乾季となる。空気が澄んで晴天が多く、星が見られる確率が高まる。また、冬は雪が降り、砂利道が凍ってしまうため、個人で行くのは危険！	飛行機、現地送迎、宿泊、朝食、オプショナルツアー、燃油サーチャージを含む。	

❺　❼

❽

ここにも寄りたい

観光名所ではないが、マウナケアへ行く途中の「サドルロード」から、頂上へ向かう曲がり道のところは絶景ポイント。一面に溶岩台地が広がり、南には、「マウナロア」の山が雄大にそびえている。

また、2日目に行くなら、ハワイ火山国立公園がおすすめ。活火山「キラウエア火山」は世界遺産でもある。公園のトレイルを歩けば、大地のエネルギーを感じることが可能だ。

その後に溶岩が細かく砕けてできた真っ黒い砂浜「黒砂海岸」へも行ける。

黒砂海岸で
海ガメに会えるかも

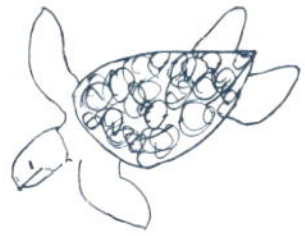

旅の相談はH.I.S.へ

新宿本店のビーチリゾート専門店へどうぞ（TEL:03-5360-4831）。マウナケア山で星空を見てサンライズを見るツアー・サンセット＆星空観測は人気のオプショナルツアー。ぜひ組み合わせてみて！　022

❾

絶景 01

クレヴァニ　恋のトンネル

ウクライナ

009

首都キエフから約350㎞離れた街にある、通称“恋のトンネル”。魔法にかかっているかのように、自然にトンネルの形が形成されている。約3㎞続くこのトンネルは地元の運搬輸送用の路線として現在も利用されている。世界各国からカップルが訪れる恋愛の名所。

願いが叶いそうな美しさ
奇跡としか言いようがない

ドニエプル川の
右岸には
祖国の母の像が
そびえ立つ

絶景への行き方

まずは日本からウクライナのキエフまで飛行機を乗り継いで17時間ほどで到着。行動拠点はクレヴァニという小さな町。キエフからバスか鉄道でクレヴァニまで行こう。

キエフ着は深夜になるため、初日はキエフで宿泊。翌朝バスを利用するならアフトヴァクザール（バス駅）からクレヴァニまで。

鉄道を利用するのであれば、キエフ鉄道駅からコーベリで乗り継いで、クレヴァニまで行くということになる。「恋のトンネル」はクレヴァニ駅からも離れたところにあるため、タクシーで向かうのがベストだ。

キエフの半分以上が森
緑がいっぱい

たとえばこんな旅

SUPERB TOUR PLAN

1日目　成田 → アムステルダム乗り継ぎ → キエフ泊
2日目　キエフ → 陸路（バスor鉄道）でクレヴァニ泊
3日目　クレヴァニ泊
4日目　クレヴァニ → キエフ
5日目　キエフ → アムステルダム乗り継ぎ →
6日目　成田着

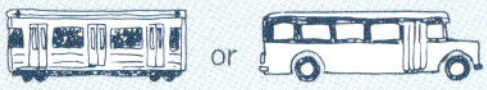

おすすめの季節

夏

約1kmもある自然にできた樹木のトンネル。「恋のトンネル（tunnel of LOVE）」と呼ばれ、やはり夏の緑が生い茂る季節がベスト。四季それぞれ楽しみ方はあるが、緑のトンネルでロマンティックな時間を過ごそう。

旅の予算

約25万円

飛行機、燃油サーチャージ、出入国税、宿泊、食事などを含む。

旅の注意点

自然の森の中を1日に1～3便の貨物列車（クレヴァニ駅へ材木を運搬）が通っていたためにできたトンネルなので、緑が生い茂っている。そこで注意すべきは虫さされと、トンネルを見た後に駅まで帰る方法。名物となっているのでタクシーを拾える可能性は高いが、シーズン外・夜間はひっそりしてしまうので要注意。

金と色彩が美しい
キエフの教会

ここにも寄りたい

ウクライナまで行くのであれば、ぜひキエフでもう1泊していただきたい。昼間であれば世界遺産にもなっている聖ミハイール大聖堂やオペラの観劇など、見どころが満載だ。

旅の相談はH.I.S.へ

絶景として知られるリヴィウも同じウクライナ。世界遺産として有名なので、ぜひ一緒に旅してしまおう。
詳しくは海外自由旅行専門店へ（TEL:03-5326-5184）

わたしが行った
世界の絶景
①

マチュピチュ・ウユニ塩湖

text: 詩歩

「これまで見た中でいちばんの絶景はどこ？」と聞かれたら間違いなく「ウユニ塩湖」と答えます。

360度の真っ白な地平線、その上に広がる朝日、青空。
そして夕日の美しさは今でも忘れることができません。

思い出に残る南米旅行は、双子と間違われるほど似ていると言われる、大好きな友達と女子二人で行きました。

小さいころから歴史の謎が好きで、いつか必ず行くと決めていたマチュピチュ。まず、そのマチュピチュに2日間のスケジュールをとりました。

列車でクスコから約5時間。そしてバスに揺られること30分。曲がりくねった道の先に待っていたのは、幼い頃から思い描いていた、まさに本で見た通りの「空中都市・マチュピチュ」でした。
まるでジオラマを見ているかのように精巧な作りの遺跡。
その後ろにそびえ立つワイナピチュの山。
絶景を前にもはや言葉はいらず、ふたりでただただ、その場の空気を感じていました。

こんなに大きな空中都市は果たして何のために作られたのか。そして何故廃墟になってしまったのか。100年前にマチュピチュを発見したビンガム教授は、その瞬間、どれほど感動したことだろうか…。
2日間遺跡を巡りながら、想像は膨らむばかりでした。

ラパスからバスと列車で半日。次にたどり着いたのは、一面、塩でできている白銀の世界でした。

南米は世界で唯一コーラが売れない国。そのかわりが黄色いインカコーラで、マクドナルドのセットドリンクもこれ。

絶景に行ったら恒例のトリック写真。ウユニ塩湖にて。

その日泊まった塩のホテルを満喫する間もなく、朝日を見るために早朝に外へ。さすが標高3700メートル、早朝は極寒です。しかし見渡す限りの大塩原と、そこから昇る壮大な朝日を自分たちふたりで貸し切っている状況が贅沢すぎて、寒さを忘れて塩の大地にゴロゴロ転がってはしゃいでいました。

そして昼には、あいのりをして塩湖の真ん中へ。
絶景では恒例の、トリック写真の撮影タイムです。あらかじめふたりで構想していたトリック写真を、同じ車に乗っていた外国の方と協力して撮影！いちばんのお気に入りは、巨人のわたしが人間を食べている写真です。

しかし旅には終わりがあるもの。その日の滞在を終え、ウユニを去らなければいけない時間になりました。
でもそこで終わるウユニではありませんでした。

車に乗って帰る直前、乾期で水が張らないはずなのに奇跡的に水が張っている地点を発見。そしてタイミングよく、夕日が沈む時間が訪れました。

上空から沈んでくる太陽、そして水面に反射したもうひとつの太陽。ふたつの輝きが合わさった後、一気に訪れる闇。

永遠のようで一瞬のような、呼吸を忘れるほどの絶景でした。

ありがとうウユニ塩湖、今度は雨期に行くからね。

絶景　02

国営ひたち海浜公園

茨城県

茨城県ひたちなか市にある国営公園。四季折々の花が栽培されている。5月上旬には一面のネモフィラを楽しむことができる。青い空に溶け込みそうなネモフィラの蒼さが美しい。毎年夏に開催される「ROCK IN JAPAN FESTIVAL」はここを貸し切って行われる。

絶景　03

スカフタフェットル国立公園

アイスランド

南東部にある国立公園。園内にはヨーロッパ最大の氷河や山があり、アイスランドの自然を一気に体験することができる。中でも「青い氷の洞窟」が有名であり、数世紀かけてつくられた氷の洞窟を、降り注ぐ太陽の光が青く煌めかせる世界を楽しむことができる。

絶景 02　国営ひたち海浜公園　茨城県

東京から日帰りできる絶景
土日休みに行きたいな
(^ ^)

絶景への行き方

　まずはJR常磐線の上野駅から特急に乗って約70分で勝田駅へ。勝田駅東口の茨城交通2番乗り場からバスに乗って約20分、海浜公園西口または南口で下車すると到着する。タクシーに乗れば約15分。

いいね！　まゆみさん
ほんとに素晴らしい景色なんですよ(^-^)青い丘の向こうは青い海です♪

いいね！　穂積 計人さん
ネモフィラの青い丘は、秋、コキアで紅く染まります。

ネモフィラは
約2cmの花が可愛い

たとえば こんな旅

SUPERB TOUR PLAN

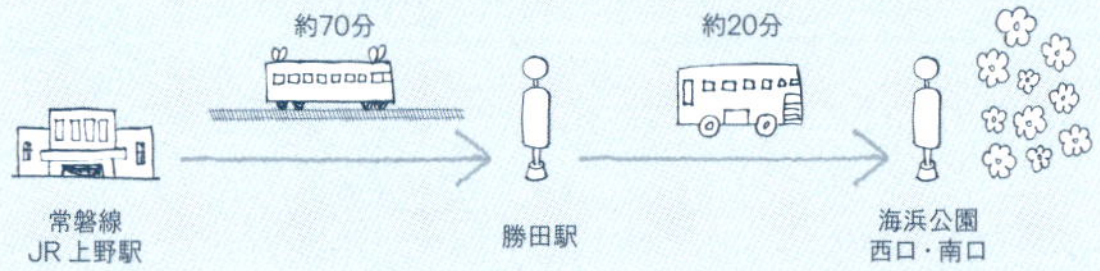

おすすめの季節

春

春のネモフィラと秋のコキアが人気。ネモフィラはゴールデンウィークから5月中に一面を青く染め、海との対比も素晴らしい。コキアは9月下旬から10月に3万6千本が真っ赤に。同時にコスモスも咲いて彩り鮮やかだ。

旅の予算

約2万円

交通機関、入園料、食事などを含む。

旅の注意点

とにかく広いので歩きやすい服装と靴で行こう。水分補給もこまめにできるよう準備を忘れずに。また、春･秋は過ごしやすい気温になるが、きちんと紫外線対策をしよう。イベントも随時行われているため、長時間屋外での行動になる。ケアをしっかりと！

ここにも寄りたい

　小さな子供と楽しむなら、ほど近い場所にあるアクアワールド大洗水族館がおすすめ。日本最大級のマンボウの水槽や、飼育種類数日本一のサメの展示、大迫力のイルカショーが楽しめる。那珂湊の市場では新鮮な海産物が手頃な価格で手に入るので、帰りに立ち寄るといいだろう。
　また、紅葉のシーズンには、松尾芭蕉が四季に合わせて4度は行ったほうがいいと言った袋田の滝に足を伸ばしてみては？ちなみに駐車場付近のホテルで販売するアップルパイは絶品！

日本三大名瀑の
ひとつとされる
袋田の滝

Photo by ©Tomo.Yun
http://www.yunphoto.net

旅の相談はH.I.S.へ

ネモフィラが丘一面を青に染める春、真っ赤なコキアが咲き乱れる秋には、お手軽に参加できるバスツアーがいろいろ。
電車やバスの乗り継ぎが面倒な場合、自動車の運転に自信のない場合は、気軽に参加できるバスツアーがおすすめ。
H.I.S.コールセンター本州ダイヤル（TEL:050-5833-2809）

1回で5回分くらい おいしい絶景！

絶景への行き方

アイスランドのレイキャヴィークからレンタカーもしくはバスで行けるが、スカフタフェットル国立公園を含むツアーに参加する方法も一般的。

バスの場合は5月～9月中旬まで運航していて、片道6時間強、運賃は8000円弱。日帰りで行きたい場合はガイドなしのツアーが割安なので、そちらを利用した方がお得感がある。しかしガイド同行のツアーに参加して見どころをきっちり押さえるのもおすすめ。

公園の近くにはキャンプ場・宿泊施設があるので、ぜひ何日か滞在して、たくさんの見どころを思う存分に回っていただきたい。

氷河に囲まれた
世界最大規模の
公園でキャンプ！

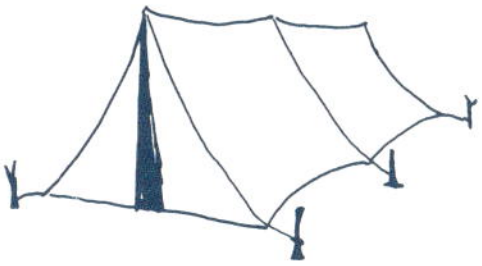

たとえば こんな旅

SUPERB TOUR PLAN

1日目	成田 → コペンハーゲン乗り継ぎ → レイキャヴィーク泊
2日目	レイキャヴィーク → バスでスカフタフェットル国立公園 → スカフタフェットル泊
3日目	スカフタフェットル観光
4日目	スカフタフェットル国立公園 → バスでレイキャヴィークへ
5日目	レイキャヴィーク → コペンハーゲン乗り継ぎ →
6日目	成田着

おすすめの季節

6月から8月

6月21日～8月15日は朝9時から夜21時まで開いており、遅い時間でも観光できる。特にこの頃の滝は水量が多く迫力が違う！アイスランドでは珍しい森林や高山植物の群生と氷河という自然の景観美を楽しんでほしい。

旅の予算

約30万円

飛行機、燃油サーチャージ、出入国税、現地交通機関、宿泊、現地ツアーを含む。

旅の注意点

滝や氷河を多く回るため、ある程度靴が濡れることを想定し、防水のトレッキングシューズで行くことをおすすめする。特に滑りにくい靴であることが重要。ちなみにヨーロッパ最大の氷河であるヴァトナヨークトルや、ラーカギーガル火山も国立公園内にあるので、現地のツアーに参加することをおすすめする。

ここにも寄りたい

せっかくアイスランドまで行くので、国内線を利用して、ゴーザフォスの滝（44ページ参照）やブルーラグーン入浴（113ページ）は外せない！

間欠泉や大滝
ダイナミックな自然を
体験できる！

絶景　04

カクシラウッタネン

フィンランド

北部ラップランドにあるホテル。「ガラスイグルー」と呼ばれる部屋はガラスの半球体になっており、ベットに寝転びながら、オーロラを観測することができる。宿泊費はダブルで約5万円〜。

01

絶景 05

グレート・スモーキー山脈国立公園

アメリカ

合衆国東部、テネシー州とノースカロライナ州に跨がる世界遺産。アメリカでも最も人気の高い国立公園のひとつであり、毎年グランドキャニオンを超える数の観光客が訪れる。温暖多湿の気候によって霧が発生するため、この名がつけられている。公園内ではトレイルなどのアクティビティも活発に行われている。

星空とオーロラ
他にはなにもいらない！

絶景への行き方

日本からヘルシンキへ行き、国内線で北極圏のイヴァロ空港へ。ホテル宿泊者はカクシラウッタネンのバスが、空港正面のバスターミナルで待機。イヴァロ空港から約30分でカクシラウッタネンに到着。日帰りなどでホテルに行く場合はイヴァロからバスに乗ってサーリセルカの村へ。街中から約20分で到着。

いいね！　Makiko Kobayashiさん
曇でオーロラは見られませんでしたが、ベッドに寝転ぶとガラスの外に森が広がり、本当に素敵でした。

まずは「かもめ食堂」の舞台にもなったヘルシンキへ！

たとえばこんな旅

SUPERB TOUR PLAN

1日目　成田 → ヘルシンキ乗り継ぎ
→ イヴァロ着
→ カクシラウッタネン泊
2日目　自由行動
3日目　自由行動
4日目　カクシラウッタネン → イヴァロ
→ ヘルシンキ乗り継ぎ →
5日目　成田着

犬ぞり・トナカイぞり
サンタクロースの家など
ホテルで楽しめる

おすすめの季節

12月から3月

一面が雪景色になる12月～3月がおすすめ。周囲が森に囲まれていて、シーズンはじめや4月中旬以降は雪解けでぬかるみができて不便。アクティビティも雪が積もれば犬ぞりやトナカイぞりなどをホテルに申し込める。

旅の予算

約30万円

カクシラウッタネンに3泊する場合（飛行機、現地シャトルバス、宿泊、朝食、燃油サーチャージを含む）。カクシラウッタネン1泊、サーリセルカ2泊の場合は約25万円。

旅の注意点

ガラスイグルー内にシャワーなどはなく、サウナは本館の近くまで雪道を歩かなければならないので湯冷めなどに要注意。レストランも本館にあるのでイグルーからは100mほど歩く。建物の外観はどれも同じなので、夜にオーロラ観測で外に出た際には、戻る部屋を間違えないように！

ここにも寄りたい

路線バスでサンタクロース村のあるロヴァニエミにも行ける（141ページ参照）。1年中がクリスマスのサンタクロース村で記念撮影してみては？　また、ヘルシンキではマリメッコやイッタラなど北欧デザインのショッピングが楽しめる。

遺跡も建物も街も
北欧デザイン

旅の相談はH.I.S.へ

トラベルワンダーランド新宿本社ヨーロッパセクション（TEL:03-5360-4881）　航空券自由旅行の組み合わせからパッケージツアーまでお客様のプランにあわせたご案内が可能。ヘルシンキやロヴァニエミとの組み合わせも人気でおすすめ。

グランドキャニオンを超える大自然！

グレートスモーキー山脈はブルーリッジ山脈に含まれる

絶景への行き方

グレート・スモーキーと聞いて「？」という人も多いだろう。「THE アメリカ的」な景観ではなく、日本か軽井沢かと思わせる緑豊かな国立公園である。

最も近い空港はテネシー州ならノックスビル、ノースキャロライナ州ならアッシュビルが玄関口。レンタカーで向かうのがベスト。

いいね！　Tomoko R. Haramakiさん
この公園の中に1年ほど住んでいたことがあります。

たとえばこんな旅

SUPERB TOUR PLAN

1日目　成田 → アトランタ乗り継ぎ → アッシュビル泊
2日目　アッシュビル → レンタカーでチェロキーへ → チェロキー泊
3日目　チェロキー → オコナルフテービジターセンター
→ ニューファウンドギャロップロード
→ シュガーランドビジターセンター → ガトリンバーグ泊
4日目　周辺をハイキングなどして大自然を満喫 ガトリンバーグ泊
5日目　ガトリンバーグ → レンタカーでノックスビル
→ デトロイト乗り継ぎ →
6日目　成田着

おすすめの季節

3月から11月

初春の3月から晩秋の11月まで、それぞれの季節に見合った景観・植生に触れることができる。

旅の予算

約18万円

飛行機、宿泊、燃油サーチャージ、出入国税を含む（9月20日出発の例）。

旅の注意点

温暖湿潤な気候は日本と似ている。服装などは日本の高原を訪れる感覚で準備すれば大丈夫。キャンプやハイキング、乗馬、魚釣りと多種多様な楽しみ方ができるが、魚釣りにはテネシー州かノースキャロライナ州のライセンスが必要となる。また、ドライブ時、急カーブや山の道路など通り抜ける際は注意しよう。安全運転で景色を楽しもう。

ここにも寄りたい

豊富な種類の鳥や魚の棲処でもある

アトランタは南部を代表する街

せっかくチェロキーに滞在するので、チェロキーインディアンの歴史に触れてみよう。オコナルフテービジターセンターの近くにチェロキーインディアンリザベイションがある。5月～10月ならインディアンの村を訪れて、ガイドツアーで歴史や文化を知ることができる。

近くのアトランタへ寄ってもさらに旅が楽しくなるかも。ワールド・オブ・コカコーラ博物館、CNNのスタジオ見学、世界最大の水族館とされるジョージア水族館など、ビッグ・アメリカを体感できる見どころがいっぱい！

絶 景　0 6

マウナケア

アメリカ、ハワイ諸島

ハワイ諸島にある火山のひとつ。標高は4205m。山頂は天候が非常に安定し、空気も澄んでいるため、世界中で最も天体観測に適した場所のひとつとされている。一般客も登山を楽しむことができ、「宇宙に一番近い場所」とも呼ばれている。

絶景 07

トロルの舌

ノルウェー

ノルウェー南部、オッダにある岩盤。約1000mの高さにぺろりと伸びている。ハリー・ポッターにも登場する妖精「トロル」の舌に似ていることからこの名がついた。岩は今にも折れてしまいそうなほど薄い。YouTubeにはこの地で撮影されたパフォーマンスを披露している動画が多数アップされている。

絶景 06　マウナケア　アメリカ、ハワイ諸島

山頂に寝転がって流れ星を数えてみたいな

山の景色が日本とは全然違う！

絶景への行き方

コナ国際空港から19号線を北へ行き、2番目の信号を右折（2番目といっても信号が現れるのは約40分後）。右折したら突き当たりを左折し、「サドルロード」という看板のところを右折。約30分走ると左に最初に曲がる道があるので、そこで左折（ここで既に標高2000m!）。その後は頂上まで一本道。

途中、標高が約2800mの地点に「オニヅカビジターセンター」という資料館がある。ここから上は未舗装の砂利道で、4WDでないと行けない。個人でも行くことはできるが、レンタカーの保険がきかないので、オプショナルツアーをおすすめする。

いいね！　金 陽守さん

去年行って来ました。生まれも育ちも東京なんで生の天の川を初めて見られて良かったですよ。あと日本からの観光客はあまりいかないけど、本当の山頂までコースを外れて歩いて登ると360度の絶景に出会えるよ。

たとえばこんな旅

SUPERB TOUR PLAN

1日目　成田 → ホノルル乗り継ぎ
→ ハワイ島
→マウナケア山頂で星空観測
→ ハワイ島
2日目　自由行動
3日目　ハワイ島 → ホノルル乗り継ぎ
4日目　成田着

のんびり南国気分も味わいたい！

おすすめの季節

夏

夏がおすすめ。ハワイは乾季となる。空気が澄んで晴天が多く、星が見られる確率が高まる。また、冬は雪が降り、砂利道が凍ってしまうため、個人で行くのは危険！

旅の予算

約18万円

飛行機、現地送迎、宿泊、朝食、オプショナルツアー、燃油サーチャージを含む。

旅の注意点

頂上付近は、常夏の島ハワイでも雪が降るほど寒いので、防寒着はマスト。オプショナルツアーであれば、ダウンジャケットの貸し出しもあるが、フリースなどをそれとは別に持っていったほうがさらに快適に過ごせる。足元は暗くて危ないので、スニーカーを履こう。また、高山病にならないよう、体を慣らしながら登っていくことと、水分をこまめにとることが大切。

ここにも寄りたい

観光名所ではないが、マウナケアへ行く途中の「サドルロード」から、頂上へ向かう曲がり道のところは絶景ポイント。一面に溶岩台地が広がり、南には、「マウナロア」の山が雄大にそびえている。

また、2日目に行くなら、ハワイ火山国立公園がおすすめ。活火山「キラウエア火山」は世界遺産でもある。公園のトレイルを歩けば、大地のエネルギーを感じることが可能だ。

その後に溶岩が細かく砕けてできた真っ黒い砂浜「黒砂海岸」へも行ける。

黒砂海岸で海ガメに会えるかも

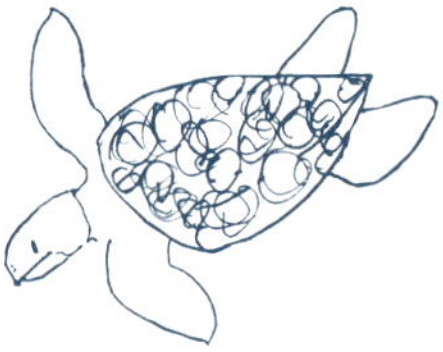

旅の相談はH.I.S.へ

新宿本店のビーチリゾート専門店へどうぞ（TEL:03-5360-4831）。マウナケア山で星空を見てサンライズを見るツアー・サンセット＆星空観測は人気のオプショナルツアー。ぜひ組み合わせてみて！

人生が崖っぷちな人は
この崖っぷちで気分転換

絶景への行き方

トロルの舌を観光できるオッダは、ベルゲン空港から車で約3時間、85㎞ほどある。オッダからトロルの舌までは、夏季ならオッダ観光協会主催のハイキングツアーに参加するのが一般的。ガイドツアーの所要時間は8時間〜10時間で、本格的なハイキング装備と中・上級者レベルの経験が必須。

ノルウェーのダイナミックな大自然に触れる

photo by ©geezaweezer

photo by ©rhysdjones

人気のベルゲンは色彩豊かな港町

たとえばこんな旅

SUPERB TOUR PLAN

1日目	成田 → コペンハーゲン乗り継ぎ → ベルゲン泊
2日目	ベルゲン → オッダ泊
3日目	オッダ → トロルの舌 → オッダ泊
4日目	オッダ → ベルゲン泊
5日目	ベルゲン → コペンハーゲン乗り継ぎ →
6日目	成田着

万全な装備でトロルの舌へ！

おすすめの季節

6月から9月

6月〜9月までが観光できる季節。曇りや雨の日も多いため、動きやすい雨具の用意は必須。標高1000mなので、天候によっては雲に覆われることがあり、綿あめに覆われているような不思議で神秘的な風景も見られる。

旅の予算

約40万円

飛行機、宿泊、ツアー代を含む。

旅の注意点

緊急時にも対応できる用具の準備が必須。観光気分のハイキングレベルではなく、どちらかと言えば登山に行く心構えと準備が必要となる。旅に備えて体力作りを十分に行おう。行きたい、と思ったときから旅は始まっている！

ここにも寄りたい

10日間以上旅ができるなら、ソグンダルにも大自然の絶景の宝庫があるので行ってみよう。Nigardsbreen Glacierでは1年中溶けない氷河をハイキングできるなど、アクティビティがいっぱい。体験できる氷河の興奮は他では味わえない。

北欧デザインの国の可愛い建築にも注目

絶景　08

ダルヴァザ　地獄の門

トルクメニスタン

中東トルクメニスタンのダルヴァザ村にある、40年以上燃え続けている巨大な洞窟。地下には豊富な天然ガスがあると言われており、ガスの量も洞窟の大きさも不明なため、消火することができない。地元の住民からは“地獄の門”と呼ばれている。

絶景 09

グレート・ブルー・ホール

ベリーズ

中南米の島国ベリーズにあるブルー・ホール。「ブルー・ホール」とは洞窟や鍾乳洞が海中へ水没し、まるで穴が開いているかのような地形のことを指す。直径305m、深さ123mあり、ライセンスがあれば潜ることもできる。

この穴に近付いたら炎に飲み込まれそうだ

絶景への行き方

まずトルクメニスタンの首都、アシガバードに入る。日本からだとトルコを経由して行く方法がいい。アシガバードまでは19時間程度。早朝に到着するので、少し空港で過ごして明るくなってから、市内へ向かおう。そこから乗り合いタクシーでダルヴァザ村へ。

ダルヴァザ村は大通りさえチャイハナ（レストラン兼休憩所）が少なく、堅い草が生えているが、砂漠を東北東へ進もう。夜になるとクレーターの部分が明るく見えるので、そこへ向かってひたすら歩くといい。特に設備などもなく、クレーターはむき出しになってるので、うっかり落ちないようにして見学しよう。

クレーターの灯りはあるけど懐中電灯を忘れずに！

トルクメニスタンは国土のほとんどが砂漠！

たとえばこんな旅

SUPERB TOUR PLAN

1日目　成田または羽田 → イスタンブール乗り継ぎ
2日目　アシガバード → ダルヴァザ泊
3日目　ダルヴァザ → アシガバード観光 → アシガバード空港へ
4日目　アシガバード → イスタンブール泊
5日目　イスタンブール →
6日目　成田または羽田着

おすすめの季節

夏

中央アジアで内陸ということで冬に行くのは避けるべき。8月の夏の時期でさえ、砂漠地帯のため、夜はかなり冷える。夏は晴天も多いので、夜はクレーターと一緒に星空を堪能できる。

旅の予算

約20万円

飛行機、燃油サーチャージ、出入国税を含む。

旅の注意点

クレーターのある砂漠地帯は、砂漠といっても堅い草が生えた砂丘を進むので、サンダルは避けた方がいい。懐中電灯は絶対必要。砂漠に外灯はなく、クレーターのガスの火だけが頼り。また、クレーターのガスの火の近くでも意外と寒いので、服装は薄着でないほうがいい。ちなみに大統領が「近いうちにガスクレーターを閉鎖すべし」ということを話していたので、いつ閉鎖するかはわらないが、見たい人は近いうちに行ったほうがいいだろう。

イスタンブールをついでに観光！

ここにも寄りたい

文明の十字路・トルコのイスタンブール乗り継ぎを最大限活用するのがおすすめ。日程と予算があれば、もう1泊イスタンブールに滞在してみてはいかが。夏のイスタンブールは、ボスポラス海峡をクルーズしても気持ちがよく、旅情いっぱい。

ちなみに有名なガラタ橋から近いアースルホテルで1泊8,100円。

絶景 09 グレート・ブルー・ホール ベリーズ

現地での呼び名は “海の怪物の寝床”

絶景への行き方

まずはベリーズの玄関口であるベリーズシティに行こう。日本からの直行便はないので、ダラスなどアメリカの都市から経由して行く。所要時間は約15時間でベリーズシティに行けるが、そこからブルー・ホールの遊覧飛行などの拠点があるサンペドロ島までは、小型飛行機で15分で到着する。

いいね！　中村真二さん

この国ベリーズの、目の前が海の自宅に住んでいました。ブルー・ホールも最大43メーター限界まで潜りました。最長滞在時間たったの8分です。ベリーズは隅々まで国内旅行しています。本当に多文化で素晴らしい国です。発掘されていないマヤ遺跡も沢山ありますよ～　不思議な体験いっぱいです。また将来戻りまーす。☆彡

美しい海と珊瑚礁の国、
ベリーズへ！

たとえば こんな旅

SUPERB TOUR PLAN

1日目　成田 → アメリカのいずれかの都市 → ベリーズシティ乗り継ぎ → サンペドロ泊
2日目　ブルー・ホール・ライトハウスリーフ → サンペドロ泊
3日目　サンペドロ発 → ブルー・ホール遊覧飛行 → ベリーズシティ → アメリカのいずれかの都市泊
4日目　アメリカのいずれかの都市 →
5日目　成田着

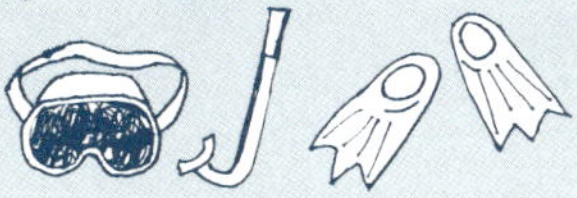

おすすめの季節

10月から5月

乾期が11月～4月、雨期が5～10月。雨が1日中降ることはないが、6月～9月にハリケーンが発生しやすいので避けたほうが無難。夕方に雨が降ることが多いので、水が澄んでいる午前中のツアーに参加しよう。

旅の予算

約26万円

飛行機、小型飛行機、水上タクシー、宿泊、ブルー・ホール・ライトハウスリーフツアー（シュノーケリング・朝食1回付）、ブルー・ホール遊覧飛行、燃油サーチャージ、出入国税を含む。

旅の注意点

ベリーズへ行くにはVISA(査証）が必要なので、あらかじめ日本で取得しなければならない。日本のベリーズ領事館で簡単に取得でき、即日発行の場合、7500円でシングルビザが発行される。ブルー・ホールはシュノーケリングでも十分に楽しめるが、ダイビングライセンスを持っていたほうがより楽しめる。また。遊覧飛行をするならば、午前中の10時～11時前後が最も晴れ渡ると言われているので、その頃のツアーに参加しよう。

ここにも寄りたい

せっかくブルー・ホールに行くなら、まずおすすめはキーカーカー1日観光。砂洲や小島という意味の「キー」。「カーカー」は小島という意味である。この島は、ベリーズシティからボートで45分の位置にあり、ベリーズで最も美しいと言われている。自然が多く残るこの楽園では、マリンスポーツやシュノーケリングを楽しめる。

ベリーズシティから約1時間で行ける古代マヤ文明のアルトゥンハ遺跡巡りもおすすめ。海好きならアイランドホッピングなどを楽しむことができる。

「カリブの宝石」を
満喫しよう！

旅の相談はH.I.S.へ

グレート・ブルー・ホールに行きたい場合も、業界最大級の品揃えの中からニーズに最適な航空券（飛行機チケット）がきっと見つかるはず。オンラインなら24時間空席照会・予約が可能。
トラベルワンダーランド新宿本社　海外自由旅行専門店（TEL:03-5360-4891）

絶景 10

メープル街道

カナダ

カナダ東部、ナイアガラからケベックへ続く、全長約800kmの道路。沿道にカエデの木が多く、秋のシーズンは紅葉がとても美しい。メープル街道という名称は日本人が付けたと言われている。

オープンカーでドライブしてみたい！

（※助手席希望）

絶景への行き方

メープル街道へ行くには日本からトロント空港乗り継ぎでモントリオールへ。そこから車で約1時間弱も走れば、紅葉に彩られたローレンシャン高原に到着。時間に余裕があれば、大陸を横断するVIA鉄道でトロントからモントリオールまで移動するのもおすすめ。エコノミー席でもゆったりと座ることができる。

いいね！　Sayumi Kojimaさん
一人旅で行きました！360度見渡すは紅葉、地面もぜ～んぶ紅葉。本当に素敵でした。

VIAの窓からは都会から牧歌的な景色移り変わりが楽しめ

3月末～4月は、雪の上に取れたてのメイプルシロップを流したものを棒でからめたメイプルタフィーが楽しめる。

たとえばこんな旅

SUPERB TOUR PLAN

1日目　成田 → トロント乗り継ぎ → モントリオール泊
2日目　モントリオール → ローレンシャン高原観光 → モントレンブラン泊
3日目　モントレンブラン → モントリオール泊
4日目　モントリオール観光 → モントリオール泊
5日目　モントリオール → トロント乗り継ぎ →
6日目　成田着

おすすめの季節

9月から10月

9月第3週～10月第2週にかけて紅葉が楽しめる。9月最終週～10月初旬にかけてが、例年、紅葉が一番鮮やかになる時期。ナイアガラも周遊する場合は、10月第2週のナイアガラの紅葉シーズンと合わせて旅しよう。

旅の予算

約29万円

デルタ航空で約29～36万円、エア・カナダで約30～38万円。飛行機、送迎、宿泊（2名1室時の1人分）、昼食2回、夕食1回、ローレンシャン高原観光、モントリオール観光（昼食付）、フレンチ＆夜景ツアーを含む。

旅の注意点

ローレンシャン高原の入り口であるカナダで2番目に大きい都市・モントリオールや、世界遺産・ケベックシティは、歴史的な建物と近代的なビルが隣接する風情ある街。通りが石畳であることが多いので、歩きやすい靴の持参をおすすめする。また、秋とはいえ、紫外線対策も必要。サングラスや帽子なども必須。

ここにも寄りたい

世界遺産のケベックシティにも寄りたい。大砲などがある城壁シタデルの中に入るとタイムスリップしたような気持ちに！洗練された洋服や靴などを眺めるだけでなく、歴史に触れながらクレープをつつくなど、旅心を満たす見どころいっぱい！

モントリオールも歴史のある美しい街

旅の相談はH.I.S.へ
新宿本店のアメリカ・カナダ専門店デスクへ！（TEL:03-5360-4881）

わたしが行った
世界の絶景
②

ウルル

text: 詩歩

大学生活最後の卒業旅行に、わたしはオーストラリア縦断と東南アジア7カ国の旅を選びました。

ただの卒業旅行だと思っていた、このオーストラリア旅行。みんなで成田空港を飛び立ったときには、こんな唯一無二の経験になるとは1ミリも思っていませんでした。

オーストラリアの旅は、キャンピングカーの旅。5人でキャンピングカーを借りて、1日1000kmを走行しながら観光スポットを巡る計画でした。

メインはやはり何と言っても世界遺産・ウルル。
日の出を見るためにキャンピングカーで撮影スポットに着いたのはAM6時でした。

真っ暗な中で重厚な存在感を放つ黒いウルルが、日が昇るにつれて茶色くなり、オレンジ色になり、そして最後に真っ赤に染まる様子は、まるで生き物を見ているかのような感覚で、背中がゾクッとしてしまいました。

日が昇るにつれ生き物のように表情を変えたウルル。

キャンピングカーでオーストラリアサイズのステーキ！このときは単に楽しい旅だったのが…。

この時点ではまだ4日目。この旅のクライマックスは思いがけないところで訪れました。

2013年3月5日AM7時、友人が運転するキャンピングカーの後ろで寝ていたわたしの耳に「ガガガガ…」という音とともに振動が伝わりました。「何？」と目が覚めた瞬間、目の前の世界が回転し始めました。
そして恐怖を感じる間もなく、強烈な痛みとともに回転が止まりました。
目の前には、暗い隙間から遠く見える、青くて小さい空しかありませんでした。

交通事故だったのです。
乗っていた巨大なキャンピングカーは2回転半も回転し、真っ二つに引き裂かれていました。

しかも事故にあったのは、1時間に車が数台しか通らない、広大なサバンナの一本道。
わたしたちは運よく通りかかった地元の方々に救われ、ドクターヘリで近隣の病院まで搬送されました。
そしていちばん大けがをしたわたしは、裂けた左耳を含む3カ所を手術しました。

幸いなことに、わたし以外はケガもなく、わたしだけが病院に残り、3月5日という長い一日を終えました。
翌日の退院時に、地元の新聞の一面を飾り、ラジオでも報道されてしまっていたことを知りました。

成田行きのジェットスターを急遽予約し、翌日に緊急帰国。憧れのグレートバリアリーフを見ることなく、そしてひとり旅をする予定だった東南アジア7カ国の旅も実現することなく、大学生活最後の3月は通院生活で終わりました。

いまとなってはスベらない話として友人の間でネタになっていますが、本当に悔いが残る卒業旅行でした。

事故のときに助けてくれた温かな人がいるオーストラリア。できたら同じメンバーで、リベンジしたいと思っています。

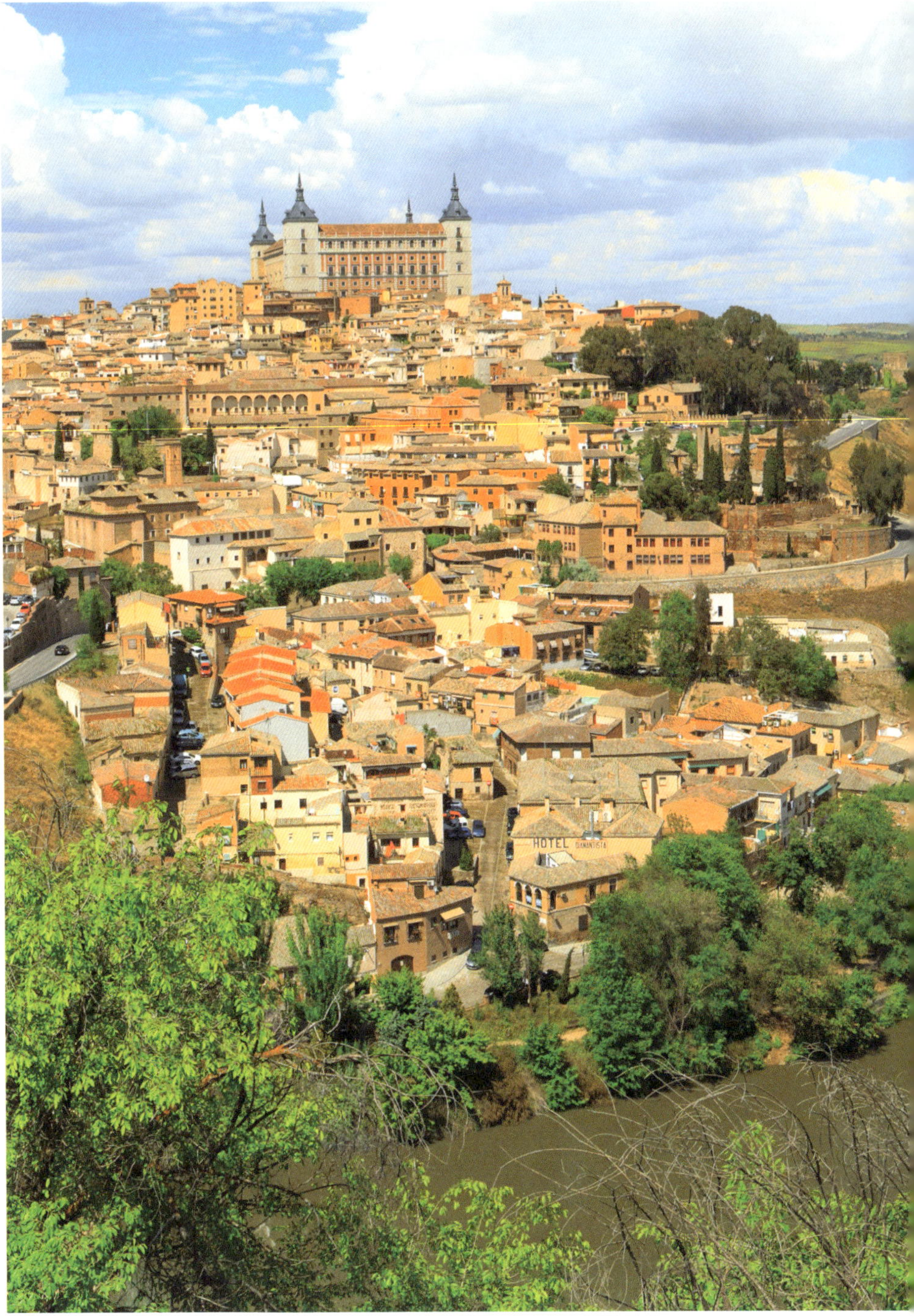

絶景　11

トレド

スペイン

スペイン中央部の古都。街全体が世界遺産に登録されており、その美しさは“街全体が博物館のようだ”と言われるほどである。中心部に位置するトレド大聖堂はスペイン・カトリックの総本山として市民の熱心な信仰の場となっている。

03

絶景 12

シグナルヒル

南アフリカ共和国

アフリカ有数の世界都市・ケープタウンを一望できるスポット。夕方から登り、サンセットと夜景を見るのがおすすめ。10月下旬から11月上旬にかけての短い期間は、豪華な夜景とともに、闇夜に舞うホタルも鑑賞することができる。

絶景 11　トレド　スペイン

パラドールに泊まって トレドの夜景を見たい！

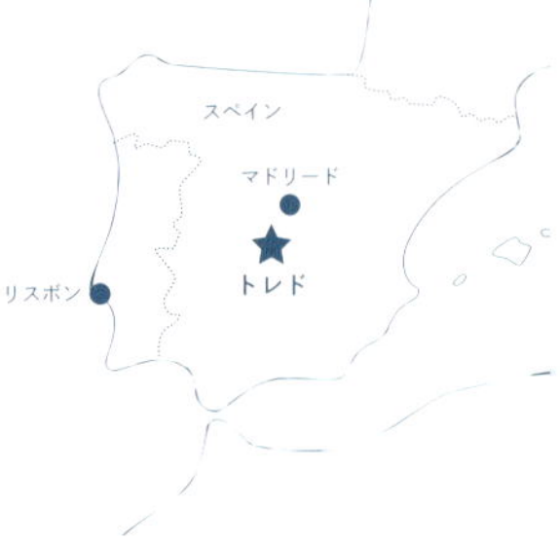

絶景への行き方

トレドは、マドリード から南へ約70km。マドリード・アトーチャー駅から高速列車AVEで約30分（トレド行きは2時間おきに出る）。バスでも約1時間15分でアクセスしやすい。スペインは日本からの直行便はないが、欧州主要都市から乗り継いで、その日中にマドリードに入れる。飛行機の所要時間は約15時間。

いいね！　Tokihiro Miyazakiさん
新婚旅行で行ったときには、若くてふーんいいねっていう感じでしたが、今もこの姿だなんて、今度きちんと街を感じてみたいなって思いますね。ホント歴史の重要性に気付きますね。

いいね！　齊木 哲史さん
若い頃2度行きました。サン・トメ教会のグレコの絵を今でも覚えています。またグレコの回廊の家も印象的。

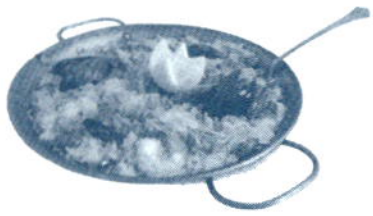

いいね！　Yuko Nagataさん
2012年9月に行きました！上から街全体が見渡せるところがあるんですが、もう言葉になりません☆

たとえばこんな旅

SUPERB TOUR PLAN

1日目　成田 → 欧州内乗り継ぎ → マドリード泊
2日目　マドリード → 高速列車AVEでトレド泊
3日目　トレド → 高速列車AVEでマドリード → 市内観光
4日目　マドリード発 → 欧州内乗り継ぎ →
5日目　成田着

トレドの入り組んだ細い路地を散策。

おすすめの季節

夏

スペインにも四季があるが、夏は日本とは違い湿気が少なく爽やかな気候なので、旅行におすすめ。夏に雨が少ないのも特徴的だ。日が長いので、遅い時間まで、さまざまな風景を楽しむことができる。

旅の予算

約25万円

飛行機、宿泊、高速列車AVE(2等・往復)を含む（7月下旬出発の例）。

旅の注意点

トレドの街自体はそれほど大きくなく、だいたい1km四方の中にほとんどの見どころが納まる。また、街中の道も細く入り組んでいるので、観光スポット間の移動は徒歩が中心になる。丘陵地帯に作られた街で坂も多く、街中は細い路地が複雑に入り組んでいるため、歩きやすく履き慣れた靴を用意しよう。また、観光客を狙ったスリなどの盗難被害が多いと言われているので、街歩きの際は要注意。

ここにも寄りたい

スペインにはそれぞれの街ごとに異なった特徴がある。エル・グレコに愛された古都トレドとは違った芸術を楽しめるバルセロナにもぜひ足を伸ばして！マドリードから高速列車AVEで約2時間半、地中海沿岸に位置するスペイン最大の海港都市バルセロナは、ガウディのサグラダ・ファミリアをはじめ、歴史的建築物が街中に点在。ピカソやミロの美術館など、大小50の美術館や博物館もあり、美術遺産の宝庫でもある。カタルーニャ独自の文化を発展させた、見どころ満載の街を旅しよう。

サグラダ・ファミリアはまだ建設中

旅の相談はH.I.S.へ

「海外旅行は初めて」「短期間だけどスペインのあちこちへ行きたい」「スペイン語も英語もわからない…」という場合は、やっぱりツアーがおすすめ。特に添乗員同行のグループツアーでは、治安面などの不安もなく、次の目的地までの交通やホテルの心配もなく、マドリード、バルセロナはもちろん移動の間にも魅力的な街を訪れることができ、効率的な旅が可能。

絶景 12　シグナルヒル　南アフリカ共和国

100万カラットの夜景を眺めながらホタル鑑賞！

いいね！　北村 弥生さん
年末行きました！夕焼けが綺麗でした☆　シグナルヒルから、サンセットにあわせてパラグライダーをしてる人もいて、そのパラグライダーも絵になっていました。

いいね！　今井博之さん
ちなみに右側は頂上がテーブルのようにまっ平らなテーブルマウンテンですが、夏場はこのテーブルマウンテン自体を青くライトアップして夜景と一緒に壮大な光景ですよ！

絶景への行き方

シグナルヒルは、南アフリカ西南端に近い港町、ケープタウンの西方にある。ヨハネスブルグから車で約12時間。飛行機なら2時間の距離である。シグナルヒルまでは、ケープタウン市街から徒歩かタクシー。ただし、治安の関係上、少人数での夜間の外出は避けたほうが賢明である。

欧州とインドをつなぐ港町として栄えた

たとえばこんな旅

SUPERB TOUR PLAN

1日目　成田 → ドバイ乗り継ぎ →
2日目　ケープタウン泊
3日目　ケープ半島観光 → ケープタウン泊
4日目　ケープタウン観光 → ケープタウン → ドバイ乗り継ぎ →
5日目　成田着

歴史と自然たっぷりのケープタウンを観光

おすすめの季節

夏

現地の夏、つまり日本の冬がおすすめ。ケープタウンは、年間を通して地中海性気候で温暖だが、特に現地の夏のシーズンはベスト。また、シグナルヒルなど郊外へは、明るいうちに行くことをおすすめする。

旅の予算

約20万円

飛行機、燃油サーチャージ、出入国税を含む。

旅の注意点

アフリカといえば、暑いというイメージがありますが、南アフリカは非常に寒暖差が大きい。南半球のため、基本的には、日本の逆の季節となる。また、朝晩は冷え込むことも多いため、長袖、上に羽織るものを持っていくことをおすすめする。また、ケープタウンの治安は、概していいが、夕方以降、暗くなってからの外出は、添乗員の同行や、オプショナルツアーの利用をおすすめする。なお、どこの国でも起こりうるスリや盗難などには気を付けよう。

ここにも寄りたい

ケープタウンに行ったら立ち寄りたいのは喜望峰。大西洋とインド洋が交わる喜望峰は、自然豊かで変化に富んでいる。その近くには、クジラやペンギンなど希少動物を観察できる場所も。南部アフリカで最も人気の高い観光地のひとつだ。

アザラシ、ペンギン、ダチョウなどがいっぱい

旅の相談はH.I.S.へ

野生動物、大自然、シティライフなど、南アフリカは変化に富んだ楽しみ方ができるからこそ、添乗員がいるツアーがおすすめ。もちろんニーズに合わせたアレンジもOK。慣れない土地でこそ添乗員がサポート！
また、ジンバブエやボツワナ、ナミビアと絡めたプランもおすすめ！
関東予約センター添乗員ツアー専門ダイヤル（TEL:0570-00-7667　または、03-5326-5175）

絶景　13

コトル湾

モンテネグロ

バルカン半島、モンテネグロ南西部にある湾。アドリア海に面しており、周囲を2000m級の山々に囲まれている。古代から湾内には人が生活して景観を守っており、“世界一美しい湾”と称されることもある。またコトル湾を含むコトルの街並は世界遺産にも認定されている。

03

絶景 14

ハルシュタット

オーストリア

オーストリア中部の景勝地、ザルツカンマーグート地方にある小規模な自治体。湖畔に教会や家が並ぶ景観は、“世界でも最も美しい湖畔の町”のひとつと言われている。「サウンド·オブ·ミュージック」の舞台でもある。世界遺産。

絶景 13　コトル湾　モンテネグロ

湾のいちばん奥まで クルージングで周りたい！

絶景への行き方

現在、日本とモンテネグロを結ぶ直行便はなく、最低1回は周辺の都市で飛行機を乗り継がなくてはならない。

日本から直行便のあるウィーン、フランクフルト、ロンドン、ローマ、モスクワ、チューリヒからポドゴリツァ行きの便があるので、これらの都市を経由して1回の乗り継ぎでモンテネグロへ行くことは可能。ただし、どれも到着時間の都合で同日乗り継ぎはできず、経由地で1泊することになる。ちなみに夏期はヨーロッパ各地から、コトル湾に近いティヴァト空港へチャーター便が出る。

また、クロアチアのドブロヴニク国際空港を利用して陸路で入ることもできる。ドブロヴニクから長距離バスが1日に1～2便出ており、約2時間でモンテネグロに到着する。

いいね！　タリアンさん

これは、町の後ろにそびえている山からの写真ですね。結構な道のりだけど、そこからの見晴らしは格別でした。

いいね！　田原 静治さん

この町の骨董屋で迷ったすえ買わなかった100年前の銀のオペラグラス…買っとけばよかった…忘れられない思い出です…確かにドブロヴニクより素晴らしかった！

たとえば こんな旅

SUPERB TOUR PLAN

1日目　成田 → ウィーン泊

2日目　ウィーン → ポドゴリツァ → バスでコトルへ → コトル泊

3日目　コトル・ブドヴァ観光 → ポドゴリツァ泊

4日目　ポドゴリツァ → ウィーン乗り継ぎ →

5日目　成田着

憧れのアドリア海！

おすすめの季節

4月から10月

モンテネグロは地中海性気候に属しているので、夏期は温暖で降雨量が少なく、冬期は雨量が多い。おすすめの旅行シーズンは4～10月である。特に7月･8月はヨーロッパからリゾート客が訪れる人気の時期だ。

旅の予算

約22万円

飛行機、出入国税、宿泊、バスを含む（8月出発する例）。

モンテネグロは ワインも美味しい

旅の注意点

山間部では夏でも夜の冷え込みが厳しいので、服装には注意が必要。長袖のシャツを用意しておくといい。また、アドリア海岸は、夏期に観光客が増えるため、その時期にスリや盗難も増える傾向にある。荷物を置いたまま席を立たないなど、基本的なことには気を付けよう。特にパスポートの管理には普段以上に要注意。モンテネグロには日本大使館がなく、セルビアの日本大使館が兼務しているため、パスポートの再発行などは、通常以上に手間がかかる。

コトル湾岸の家々は 屋根の色が統一されている

ここにも寄りたい

「モンテネグロのリヴィエラ」と呼ばれるリゾート、ブドヴァ。コトル湾からバスに乗って、約40分で行くことができるこのリゾート地にも、時間に余裕があればぜひ立ち寄っていただきたい！

ブドヴァはモンテネグロ屈指のリゾート地であり、長さ600mの砂浜「スロヴェンスカ･ビーチ」が絶景。また、そのすぐ近くにある城壁に囲まれた旧市街は、中世の雰囲気を色濃く残しており、町自体がまるで長い時間を超えてきた美術品のように、魅力にあふれている。

ドレミの歌を口ずさみつつ湖畔をお散歩したいな！

絶景への行き方

日本からオーストリア・ザルツブルクまでは欧州内乗り継ぎで、約15時間前後。ザルツブルク駅から鉄道で、アントナングロップッハイム駅を経由してハルシュタット駅まで約2時間15分。

いいね！　midoriさん
夏の終わりに行きました！ザルツブルクから列車で行きましたが、向かう途中の景色も最高でした。建物は可愛らしくて、花が溢れ、夢の世界でした。山の上にある、塩の博物館が、アトラクションみたいで楽しかったです。

ザルツブルクの旧市街も世界遺産

いいね！　Rie Kamiyaさん
2012年9月にいってきました！むちゃくちゃ綺麗でした。朝焼けがオススメ！

たとえばこんな旅

SUPERB TOUR PLAN

1日目　成田 → 欧州内乗り継ぎ → ザルツブルク泊
2日目　ザルツブルク → 鉄道でハルシュタットへ
3日目　ハルシュタット → 鉄道でザルツブルクへ
　　　→ 市内観光 → ザルツブルク泊
4日目　ザルツブルク
　　　→ 欧州内乗り継ぎ →
5日目　成田着

モーツァルトも待っている！

おすすめの季節

夏

のどかな風景が楽しめるシーズンは6～9月の夏。冬のハルシュタットは観光客も少なく、見どころの岩塩坑も冬休みに入る。バスや船の便数も減るので要注意。冬は観光客より、スキーウェアの人々が多くなる。

旅の予算

約23万円

飛行機、バス（往復）、鉄道（往復）、宿泊を含む（9月平日出発の例）。

旅の注意点

山深い地方なので、夏でも朝晩は冷え込む。温度調節のできる服装を用意しよう。

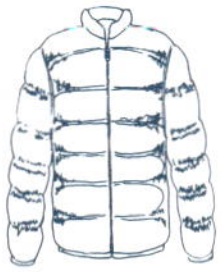

ここにも寄りたい

ハルシュタットがあるザルツカンマーグート地方は76もの湖がある風光明媚なエリアなので滞在を延ばして他の街もぜひ観光しよう。

中でもヴォルフガング湖畔にあるザンクト・ヴォルフガングは小さな街だが、オペレッタ「白馬亭」の舞台になったホテルがあり、その背後には、一方がなだらかな花畑で、もう片方が垂直の絶壁になっているシャーフベルグ山がそびえている。映画「サウンド・オブ・ミュージック」に出てきた登山鉄道に乗って、その山頂へ行くことも可能。

塩抗見学で湖の街を見下ろすことも可能

絶景　15

スピリットアイランド

カナダ

カナダ南西部、マリーン湖に浮かぶ陸続きの島。エメラルド色のマリーン湖、壮大なロッキー山脈、その中に端然と存在している様子が神秘的である。古くからインディアン伝説があり、名前もその伝説に由来している。カナダを象徴する風景のひとつ。

絶景 16

雲海テラス

北海道

北海道中部、星野リゾート内の夏季限定テラス。早朝には真っ白な雲と、日高·十勝の美しい山々を観賞できる。雲海を見ながらヨガやトレッキングを楽しむプログラムもある。9月中旬から体験できるサンライズゴンドラで眺める景色は必見！

ジャスパーの観光名所！
鹿や熊の親子に出会いたい

絶景への行き方

　まずはカナダ・アルバータ州の玄関口、エドモントンを目指す。日本から直行便はないが、エアカナダやアメリカ系の航空会社を使えば1回乗り継ぎでアクセス可能。エドモントンからマリーン湖近くの街、ジャスパーへは鉄道で約5時間半、バス・車なら約5時間。ジャスパーからマリーン湖へは車で1時間弱。マリーン湖からはクルーズ船に乗り、1時間半かけてスピリットアイランドへ向かう。スピリットアイランドへは上陸できないが、近くの展望台から眺めることができる。

いいね！　石黒 友芳留さん
俺はここに行ったことあるよ！新婚旅行と称して宿の予約無しでカナダをレンタカーで2000km走りました(笑)。ここは本当に綺麗なところだったからジャスパーに2泊しちゃった。

パワースポットで
リフレッシュ

いいね！　鹿嶋 結花さん
ここ、行きました。湖水は本当に、不思議な色をしているのです。

たとえば こんな旅　SUPERB TOUR PLAN

1日目	成田 → バンクーバー乗り継ぎ → エドモントン → レンタカーでジャスパーへ → ジャスパー泊
2日目	ジャスパー → レンタカーでマリーン湖（スピリットアイランド） → コロンビア大氷原 → レイクルイーズ泊
4日目	レイクルイーズ → レンタカーでバンフへ → バンフ泊
5日目	バンフ → レンタカーでカルガリーへ → バンクーバー泊
6日目	バンクーバー →
7日目	成田着

おすすめの季節

夏

6月～9月の夏の時期がやっぱりおすすめ。緯度の高いカナダでは、冬季は寒さが厳しく－10度～－30度になることも。雪上車など4月～10月のみ催行されるものも多いので事前に確認しておこう。

旅の予算

約20万円

飛行機、出入国税、空港使用料、宿泊、燃油サーチャージを含む。

旅の注意点

日中と朝夜で寒暖の差が激しいため、羽織れるものは必須。真夏でも防寒対策を忘れずに！天気が変わりやすいので防水性ジャケットなどがあると便利。軽くて動きやすい服装、重ね着が基本、サングラスや帽子、日焼け止めもあればなおいい。室内は空調が効いているため乾燥対策も万全に。

ここにも寄りたい

　ジャスパーとバンフを結ぶ国道93号線は別名「アイスフィールドパークウェイ」と呼ばれている。多数の美しい湖や壮大な氷河を眺めつつ、カナディアンロッキー山脈に沿ったこの道をドライブすれば、カナダの大自然を満喫できるはず。帰路では世界一住みやすい街・バンクーバーに立ち寄り、グランビル・アイランドでオーガニック食材をつまみに地ビールで乾杯！がおすすめ。

湖や川の水で
コーヒーを
楽しみたい人は
バーナーを
持って行こう

絶景 16　雲海テラス　北海道

始発のゴンドラに乗って雲海の日の出を楽しもう

絶景への行き方

車で行く場合、道東自動車道トマムI.C.で降りて約5分。新千歳空港からは約60分。札幌市内からだと約100分。

電車で行く場合、新千歳空港からJR千歳線南千歳駅乗換、JR石勝線（特急）利用でトマム駅下車（最短59分）。無料送迎バスで約10分。

いいね！　匿名希望さん
水の教会で結婚式を挙げ、翌日雲海を見ました。この上の山頂まで登ると360度周りは雲で別世界でした。絶対にまた行きたい場所のひとつです。

ひまわり畑も圧巻です！

美瑛にある「ぜるぶの丘」のひまわり畑も絶景として有名。

いいね！　ta!sixunさん
3回目で遭遇できました。素晴らしいですよ!!

たとえばこんな旅

SUPERB TOUR PLAN

1日目　羽田 → 新千歳 → 夕張観光 → 星野リゾートトマム泊
2日目　雲海テラス → 美瑛観光 → 富良野観光 → 星野リゾートトマム泊
3日目　星野リゾートトマム → ノーザンホースパーク（馬のテーマパーク）→ 新千歳 → 羽田

おすすめの季節

夏

なんと言っても7月・8月がベストシーズン！涼しいさわやかな気候がなんとも心地いい。この季節のトマム周辺は7月が富良野のラベンダー、8月は美瑛のひまわりが楽しめる。

旅の予算

約10万円

飛行機、宿泊、3日間レンタカーを含む（ANA利用で7月、8月に行く場合）。

旅の注意点

真夏とはいえ、雲海テラスが位置する標高1088mのトマム山は夏でもひんやり。上に羽織るものと、長ズボンを必ず用意しよう。双眼鏡があればなおいい。野鳥や遠くの景色など、さまざまな表情の大自然を楽しむことができる。

ここにも寄りたい

もう1泊する時間の余裕がある方ならば、リゾート三昧ということで、世界有数の高原避暑リゾートであるニセコがおすすめ。ニセコに行くまでのドライブでも絶景を楽しむことができる。羊蹄山の麓に広がる深緑の中、ラフティングや乗馬などアウトドアのレジャーを満喫するのも北海道の楽しみのひとつ。

羊蹄山の美しさに心が洗われる

羊蹄山を眺めつつ美味しいご飯が食べられるレストランもいっぱい。

旅の相談はH.I.S.へ

お得＆特典満載のプランがたくさん♪　ANAのレンタカー組み込みプラン《北海道DEあそぼ》は、ガソリン満タン返し＆乗捨て代金不要！早めに申し込めば特典も付く。道内9空港＆おすすめホテルの組み合わせが自由自在に選べる。
北海道専用ダイヤル（TEL:050-5833-2805）

絶景　17

ゴーザフォス

アイスランド

アイスランド北部にある荘厳な滝。“ゴーザフォス”とは“神の滝”という意味があり、アイスランドが古来の神を捨てキリスト教に改宗する際、それまで信仰していた偶像をこの滝に投げ入れたとされている。見る角度によって表情を変える滝壺が美しい。

絶景 18

ニューカレドニア

フランス領ニューカレドニア

オーストラリア南東に浮かぶフランス領のリゾート。森村桂の著書に「天国にいちばん近い島」として登場したことから、日本ではその名称で親しまれている。白砂のビーチとどこまでも続く蒼い海のコンビネーションは、まさに天国と呼ぶにふさわしい。

絶景 17　ゴーザフォス　アイスランド

古来の神々が眠る場所！ 神秘のパワーを感じます

絶景への行き方

　アイスランドのレイキャヴィークケプラヴィーク国際空港到着後、レイキャヴィーク郊外のアイスランド国内線の空港へ。そこから国内線に乗ってレイキャヴィークから約40分、アイスランド北部の村アークレイリへ。アークレイリから国道1号線を自動車で走り、約30分でゴーザフォスの滝に到着。

いいね！　Machikoさん
行きました。水しぶきの飛ぶなか、心のうちに爆音を聞きながらの瞑想は"たまらんもの"がありやした。

いいね！　坂本 佳隆さん
2012年9月に見てきた～!! 日本の滝と迫力と美しさが違うね。

レイキャヴィークは地熱暖房の都市

たとえばこんな旅

SUPERB TOUR PLAN

1日目	成田 → コペンハーゲン乗り継ぎ → ケプラヴィーク → レイキャヴィーク泊
2～3日目	自由行動　レイキャヴィーク泊
4日目	国内線でアイスランド北部観光（ゴーザフォスの滝）→ レイキャヴィーク泊
5日目	エアポートバスでケプラヴィークへ → コペンハーゲン乗り継ぎ →
6日目	成田着

おすすめの季節

夏

アイスランドは火山の国。7月～8月は氷河から溶けたエメラルドグリーンの水が黒い溶岩台地に映えて美しい。滝の周辺に柵がないので足元の確認できる夏が安全。5月～6月は雪解け水が濁り、冬は真っ白で滝以外の景色を楽しめない。

旅の予算

約28万円

飛行機、現地シャトルバス、宿泊、朝食、滞在中のブルーラグーン入浴1回、ゴールデンサークル観光1回、アイスランド北部観光1回、燃油サーチャージを含む。

旅の注意点

個人では行きづらいので、レイキャヴィークからの国内線の飛行機も含む、アイスランド北部観光のオプショナルツアーに参加するのがおすすめ。空港からレンタカーもあるが、台数が少ないのと、道路が未舗装で道路脇の柵もないため、初心者にはおすすめできない。

夏がおすすめ

ここにも寄りたい

　せっかくなのでブルーラグーン入浴（113ページ）やアイスランド南部のゴールデンサークル観光がおすすめ。

ゴールデンサークルにもすごい滝がいっぱい

大迫力の滝、グトルフォスやオクサアゥルフォスも神秘的。

旅の相談はH.I.S.へ

トラベルワンダーランド新宿本社ヨーロッパセクション（TEL:03-5360-4881）なら航空券のみの自由旅行の組み合わせからパッケージツアーまでプランにあわせたご案内が可能。オーロラ観賞との組み合わせも人気でおすすめ。

本当に近いかどうか 天国で答え合わせしたい

絶景への行き方

「天国に一番近い島」＝ニューカレドニアというイメージだが、厳密にはニューカレドニア本島ではなくて離島のウベア島が森村桂著『天国にいちばん近い島』の舞台とされている。国際空港到着後、ニューカレドニアのヌメアで1泊。その次の日に国内線に35分乗ればウベア島に到着する。

ウベアの教会は美しい♪

いいね！　ヤハラ シンイチロウさん

私はニューカレドニアのウベア島で暮らしていましたが、本当に海が綺麗で星空が最高ですよ!!

天国に一番近い島にも国内線でひとっ飛び

たとえばこんな旅

SUPERB TOUR PLAN

1日目　成田 → ヌメア泊
2日目　国内線でウベア泊
3日目　ウベア泊
4日目　国内線でヌメア泊
5日目　ヌメア観光 →
6日目　成田着

※2013年10月27日からフライトスケジュールの変更があり、上記のスケジュールはそれ以降に適用される。

おすすめの季節

10月から4月

南半球に位置しており、日本とは季節が真逆。10月～4月が真夏となっており、花が咲き乱れ、日照時間も長く、海も青く透き通る。日本の夏の時期でも日差しは強いが、泳ぐにはちょっと涼しい感じ。

旅の予算

約29万円

宿泊、送迎、飛行機、国内線、燃油サーチャージ、朝食4回を含む。時期にもよるがオフ期は割安な設定となる。

旅の注意点

日差しは日本の20倍とも言われており、日焼け止め、サングラスは必須。カメラ、水着も持っていたほうがいい。また肩に羽織って日よけにつかったり、ビーチに敷いて寝転んだりできるパレオもあると便利だ。現地でも1000円～2000円程度で購入できる。

ここにも寄りたい

ウベア島には「青の洞窟」という地面に開いた穴があり、地下で海とつながっていて、魚が生息するので見てみよう。さらに2泊追加できるなら、世界遺産のイルデパン島や新婚夫婦に人気の水上バンガローのあるメットル島の周遊もおすすめ。

イルデパンの力強い景色がパワーをくれる

旅の相談はH.I.S.へ

新宿本店のビーチリゾート専門店へ（TEL:03-5360-4831）　また、チャオで参加した場合、オリジナルのシャトルバスが付く。そのほか各ホテルにもオリジナル特典がいろいろ！

絶景　19

04

ランペドゥーザ島

第1位

イタリア

地中海に浮かぶ、小さなリゾート島。海水の透明度が高いため、海面を走るボートが“空中に浮いているようにしか見えない”と言われている。いいね！数が不動の1位、本当に死ぬまでに行きたいポイント。

Facebookページ「死ぬまでに行きたい！世界の絶景」の

56万人のファンが「いいね！」した絶景ランキング

（2013年7月12日調査）

第1位 278,707

ランペドゥーザ島

（イタリア）→ p048

海の透明度が高すぎて、船が飛んでいるように見える写真が衝撃を呼び、約28万人が「いいね！」を押して昨年からずっと首位を独走している絶景。

2位 206,049 **バードゥ島**（※）（モルディブ）

3位 124,077 **角島**（山口県）→ p133

4位 95,757 **マウナケア**（アメリカ、ハワイ諸島）→ p20

5位 87,927 **なばなの里**（三重県）→ p85

6位 82,700 **メープル街道**（カナダ）→ p28

7位 78,949 **真名井の滝**（宮崎県）→ p145

8位 74,331 **サンタクロース村**（フィンランド）→ p141

9位 74,281 **ニューカレドニア**（フランス領ニューカレドニア）→ p45

10位 69,315 **アンダルシア郊外のひまわり畑**（スペイン）→ p52

11位 68,282 **国営ひたち海浜公園**（茨城県）→ p12

12位 67,406 **レンソイス・マラニャンセス国立公園**（ブラジル）→ p64

13位 66,429 **カッパドキア**（トルコ）→ p121

14位 65,178 **バンドン**（アメリカ）→ p78

15位 64,556 **富士山**（静岡県・山梨県）→ p153

16位 58,040 **高台寺**（京都府）

17位 57,891 **フリヒリアナ**（スペイン）→ p105

18位 56,940 **ナヴァイオビーチ**（ギリシャ）→ p116

19位 55,088 **ツアモツ諸島**（フランス領ポリネシア）

20位 54,632 **イグアスの滝**（アルゼンチン・ブラジル）

21位 54,248 **グレート・ブルー・ホール**（ベリーズ）→ p25

22位 53,182 **ハートリーフ**（オーストラリア）

23位 52,978 **スピリットアイランド**（カナダ）→ p40

24位 50,018 **ブルーラグーン**（アイスランド）→ p113

25位 49,637 **ハルシュタット**（オーストリア）→p39

26位 47,831 **トレド**（スペイン）→p32

27位 43,933 **チチカカ湖**（ペルー・ボリビア）→p149

28位 43,736 **シャンゼリゼ通り**（フランス）

29位 41,837 **ニュルンベルクのクリスマスマーケット**（ドイツ）→ p100

30位 41,318 **ハット・ラグーン**（オーストラリア）→ p68

※第2位のバードゥ島の絶景は、海中の植物プランクトンが波打ち際でキラキラ光る夜景。プランクトンの減少により最近は見られなくなったという情報を現地からいただき、本書では掲載を見送った。

31位	39,338	カクシラウッタネン（フィンランド）→ p16
32位	38,599	バリ島 ロックバー（インドネシア）
33位	38,163	雲海テラス（北海道）→ p41
34位	36,870	セノーテ・イキル（メキシコ）→ p144
35位	36,733	湯西川温泉（栃木県）→ p148
36位	36,094	南極のオーロラ（南極大陸）→ p140
37位	35,566	フォーシーズンズホテル（ボラボラ島）
38位	35,122	アルプス山脈（ヨーロッパ）
39位	34,696	セブンマイルブリッジ（アメリカ）
40位	34,006	モニュメントバレー（アメリカ）
41位	32,619	玄海町の棚田（佐賀県）→ p152
42位	30,960	ナイル川（アフリカ大陸）
43位	28,383	シグナルヒル（南アフリカ共和国）→ p33
44位	27,913	ストーンヘンジ（イギリス）
45位	27,836	ブルーモスク（トルコ）→ p84
46位	24,004	コトル湾（モンテネグロ）→ p36
47位	23,307	アイスホテル（スウェーデン）→ p114
48位	22,786	天門山ロープウェイ（中華人民共和国）→ p81
49位	22,358	ダナキル砂漠（エチオピア）→ p69
50位	22,318	サンミッシェルデギレ礼拝堂（フランス）→ p101
51位	21,062	ロイサバホテル スターベット（ケニア）
52位	20,544	シカレ（メキシコ）
53位	19,899	プールナブローン・ドルメン（アイルランド）
54位	19,210	紅海灘風景区（中華人民共和国）→ p65
55位	18,154	ラントヴァッサー橋（スイス）→ p120
56位	17,886	グレート・スモーキー山脈国立公園（アメリカ）→ p17
57位	17,675	マーブル・カテドラル（パタゴニア）→ p77
58位	16,997	モラヴィア（チェコ共和国）→ p125
59位	16,815	ヤムドゥク湖（中華人民共和国）→ p124
60位	15,073	クレヴァニ　恋のトンネル（ウクライナ）→ p8
61位	13,167	シャウエン（モロッコ）→ p104
62位	13,140	ゴーザフォス（アイスランド）→ p44
63位	12,298	マッターホルン（スイス・イタリア）
64位	10,306	イエローナイフ（カナダ）
65位	9,174	屋久島（鹿児島県）
66位	8,848	ノイシュヴァンシュタイン城（ドイツ）
67位	8,800	ワカチナ（ペルー）→ p96
68位	8,056	リオマッジョーレ（イタリア）→ p57
69位	7,991	竹田城跡（兵庫県）→ p129
70位	7,944	サントリーニ島（ギリシャ）→ p56
71位	7,807	プリトヴィツェ湖群国立公園（クロアチア）→ p62
72位	6,693	ウィルトシャー　バース公爵家（イギリス）
73位	6,542	モノ湖（カリフォルニア州）→ p72
74位	6,351	ネジャンサン（韓国）
75位	5,026	ブルジュ・アル・アラブ（ドバイ）
76位	4,580	レガレイラ宮殿（ポルトガル）
77位	4,029	トロルの舌（ノルウェー）→ p21
78位	3,762	パゴダ（ミャンマー）→ p136
79位	3,748	タージ・マハル（インド）
80位	3,734	ランタンフェスティバル（台湾）→ p108
81位	3,363	マチュピチュ（ペルー）
82位	3,282	ブレッド湖聖マリア教会（スロベニア）
83位	3,296	黄龍風景区（中華人民共和国）
84位	3,183	バイカル湖（ロシア）
85位	2,902	コヨーテビュート（アメリカ）
86位	2,689	田舎館村（青森県）
87位	2,653	天文洞（中華人民共和国）
88位	2,352	ダルヴァザ　地獄の門（トルクメニスタン）→ p24
89位	2,330	九寨溝（中華人民共和国）→ p128
90位	2,307	パーテルスウォルトセ湖（オランダ）→ p89
91位	2,285	北岳（山梨県）
92位	2,253	メテオラ（ギリシャ）
93位	2,239	マルトノマ滝（アメリカ）
94位	2,227	スカフタフェットル国立公園（アイスランド）→ p13
95位	2,196	キャピラノ渓谷吊り橋（カナダ）→ p80
96位	2,026	スカイパーク（シンガポール）
97位	1,887	チッタウルガル砦（インド）
98位	1,827	カナイマ国立公園（ベネズエラ）→ p61
99位	1,576	ペトラ遺跡（ヨルダン）
100位	1,548	ホワイトサンズ国定記念物（アメリカ）
101位	1,541	イースター島（チリ）
102位	1,443	グランド・キャニオン（アメリカ）
103位	1,417	アマルフィ（イタリア）
104位	1,393	パムッカレ（トルコ）
105位	1,293	三游洞　絶壁レストラン（中華人民共和国）→ p88
106位	1,193	軍艦島（長崎県）
107位	1,186	ウルル＝エアーズロック（オーストラリア）

ランペドゥーザ島を撮影したイタリア人写真家に聞いてみた

第1位のランペドゥーザ島の写真を撮影したのは、ミラノ在住アマチュア写真家の老紳士、ドメニコ・フォーミケラさんだ。今回この写真集を作るにあたり、彼に写真の掲載許可を申し込むことにした。ドイツ発の写真投稿サイト「fotocommunity」からメッセージを送ってみたところ「自分の写真を選んでくれてありがとう」と快諾のメール。2003年に撮影したものだそうで、ちょっと小さな写真だが、48、49ページに堂々掲載させていただいた。

絶景 20

アンダルシア郊外のひまわり畑

スペイン

053

スペイン南部、アンダルシア地方で見られるひまわり畑。初夏が満開の見頃。水平線まで続く一面のひまわりはまるで黄色い海のようであり、雲ひとつない夏空とのコントラストが美しい。

ボートでプカプカ優雅な休日を過ごしたい

絶景への行き方

東京から最短で一番合理的なルートはアリタリア-イタリア航空。日本とイタリアを結ぶ唯一の直行便なので1回の乗り継ぎで目的の島へ。往路はローマで1泊、復路はミラノでの1泊を有意義に過ごしてみよう。バジェットトラベラーなら、ローマやミラノまで中東系航空会社を利用してみるのも手。

まずは成田からローマへ直行！

いいね！　Anna Yamashitaさん
行ってきました！もうほんとに綺麗すぎて言葉が出ませんでした。少し波があったので、写真は綺麗にとれませんでしたが、この目で「Flying boat」見ました:)

たとえばこんな旅

SUPERB TOUR PLAN

1日目	成田 → ローマ泊
2日目	ローマ市内観光 → ランペドゥーザ泊
3～7日目	ランペドゥーザ泊
8日目	ランペドゥーザ → ミラノ泊
9日目	ミラノ市内観光 →
10日目	成田着

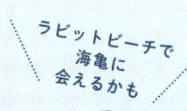

ラビットビーチで海亀に会えるかも

いいね！　匿名希望さん
バカンスで、シシリー島とあわせてランペドゥーザ島は3日間くらい滞在しました。イタリアで一番南の島です。シシリー島から飛行機で1時間くらいだったと思います…。小さい島なのでスクーター2人乗りで、2時間くらいで島を一回り出来ます。海はめちゃくちゃ奇麗です。

おすすめの季節

夏

マルタ島、シチリア島、チュニジアまで約200kmのランペドゥーザ島は、夏期のみ、ローマやミラノからの定期便だけでなく、ローコストキャリアがイタリア各地から就航。週末のフライトが多いので日程を確認しよう。

旅の予算

約30万円

飛行機、宿泊、出入国税、燃油サーチャージを含む（8月31日出発の例）。

旅の注意点

ヨーロッパ最南端に位置する島なので、ビーチグッズと日焼け止めはお忘れなく。ヨーロッパ人やイタリア人がヴァカンスで訪れる7月～8月は混んではいるが、やはりベストシーズン。コバルトブルーの海と白い砂浜をめいっぱい楽しんで！　ローマとミラノ滞在時に格式高いレストランやショップを訪れたい方はそれなりの服装を用意しよう。北イタリアのミラノに立ち寄る場合は、季節がガラリと変わって既に秋になっていることもあるのでご注意を。

ここにも寄りたい

イタリア各地からのローコストキャリアのフライトがうまく旅程にあえば、ランペドゥーザ島の滞在を短くしてローマやミラノの滞在を長くすることも可能。ローマから同日乗り継ぎでシチリア島に入り、ぐるっとシチリア島を周遊してランペドゥーザ島へ約1時間のフライトで渡るという日程も、欲張り派におすすめ。南北に長く気候も風土も都市によって異なるイタリア半島を一度に旅できるのは、なかなか贅沢な体験。旅の最後はファッションの都ミラノで秋を先取りしてみてはいかが。

ランペドゥーザからミラノまで縦断したい

旅の相談はH.I.S.へ

ランペドゥーザ島に行きたい場合も、業界最大級の品揃えの中からニーズに最適な航空券（飛行機チケット）がきっと見つかるはず。オンラインなら24時間空席照会・予約が可能。
トラベルワンダーランド新宿本社　海外自由旅行専門店（TEL:03-5360-4891）

見渡す限りの黄色い海 いままで見たことない！

いいね！　水崎 由香さん
私、偶然友達の住む町から移動中、バスの中でこの景色を見ました。大好きな友達と別れて、隣のスペイン人のおばあさんも引くほど泣いていましたが、この景色に涙も止まりました。神様がくれた風景だと思いました。

いいね！　中尾 義彦さん
2000年の7月に行きましたが、ひまわりはもう少し早い時期が良さそうです。

絶景への行き方

スペインにひまわり畑はたくさんある中、最も有名なのがアンダルシア州。州都はセビーリャ。日本からスペインまでの直行便はなく、欧州内各地を経由して首都マドリードに到着するのに約15～18時間。マドリードからセビーリャまで行くにはスペインの高速鉄道AVEで約2時間30分、コルドバまでなら約1時間50分。セビーリャからコルドバ、マラガに向かうバスの車窓からひまわり畑の広がる風景を見ることができる。畑によって咲く時期がずれているので、より確実に見たい場合は、セビーリャ、マラガ、コルドバなどからレンタカーやタクシーをチャーターするのがおすすめ。

たとえば こんな旅

SUPERB TOUR PLAN

1日目　成田 → 欧州内乗り継ぎ → マドリード泊
2日目　マドリード観光 → AVEでセビーリャ泊
3日目　ひまわり観光ツアー参加 → AVEでマドリード泊
4日目　マドリード発 → 欧州内乗り継ぎ →
5日目　成田着

おすすめの季節

6月上旬から
7月上旬

夏が見頃と思いがちだが、5月下旬から咲き始め、6月上旬～7月上旬に見頃を迎える。ただ2013年などはヨーロッパが全体的に寒く、ひまわりの開花時期が遅れ、6月上旬から咲き始めて下旬が見頃と言われた。

旅の予算

約14万円

飛行機、空港送迎、AVE・2等往復、宿泊、セビーリャ発ひまわりツアーを含む。

旅の注意点

夏は40℃を越えることも珍しくないアンダルシア。帽子やサングラス、長袖のシャツは必需品。ただし空気が乾燥しているので夏でも日陰は過ごしやすい。バスの中はエアコンが強く効いていたり、寒暖の差が激しいので、外出の際は羽織るものを忘れないように！また、特に観光地のマドリードとバルセロナはスリの被害が多い都市。貴重品の管理や夜の1人歩きなどには気をつけて！

ここにも寄りたい

アンダルシアまで行って「ひまわり」だけはもったいない！せめてあと2日追加して、鉄道チケットをスペインレイルパスとバスの周遊チケットにアレンジ。航空ルートもマラガから出発に変え、セビーリャ、コルドバ、グラナダを周遊するプランがおすすめ。アルハンブラ宮殿などの世界遺産を見てスペイン独特の歴史を知り、各地のおいしいスペイン料理やフラメンコも楽しんで！ピカソ生誕の地であるコスタ・デル・ソルの中心地マラガから帰る旅程にすれば移動時間も短縮できる。

7月のアンダルシアは
スペインのフライパン
と言われるほど暑い

絶景　21

サントリーニ島

ギリシャ

南エーゲ海に浮かぶリゾート島。すべての壁が白く、屋根が青く統一された美しさから、“世界でもっとも美しい島のひとつ”と言われている。また、伝説のアトランティス大陸の一部だったとする説もある、歴史ロマンあふれる土地でもある。

絶景 22

リオマッジョーレ

イタリア

イタリア西海岸に面した漁村。世界遺産に登録されているチンクエ·テッレの一部。建物や船がカラフルに彩られているのは、漁師たちが“遠くの海から見て目立つため”と言われている。

絶景 21　サントリーニ島　ギリシャ

この世はもしかして 白と青だけでいいのかも

絶景への行き方

アテネから国内線で50分、またはピレウス港から高速船で4時間半、フェリーでは8時間以上かかる。海の状況で予定の変更や船の欠航もあるので余裕を持ったスケジュールがおすすめ。アテネ市内からピレウス港までは、朝5時から動いているメトロが便利。

いいね！　suttokoさん

十何年前にここに1ヶ月くらい滞在しました。キッチン付のコンドミニアムを借りて、朝入口のドアを開けると、真正面には輝くエーゲ海!!　夢のようなひと時でした…。また行きたいな〜。夕焼けも◎

いいね！　坂口 寛さん

断崖絶壁に建つホテルのテラスから見たエーゲ海は言葉や写真では説明できません。景色を見て初めて平行感覚を失うほどでした。絶対オススメです!!

古都アテネから南の火山島へ！

photo by playlight55

たとえばこんな旅

SUPERB TOUR PLAN

1日目　成田 → 欧州内乗り継ぎ → アテネ泊
2日目　アテネ → サントリーニ泊
3日目　サントリーニ観光
4日目　サントリーニ → アテネ泊
5日目　アテネ → ヨーロッパ乗り継ぎ →
6日目　成田着

おすすめの季節

6月から9月

ベストシーズンは6月〜9月。それ以外は観光客も少なくお店やホテルも閉めているところが多く、寂しい雰囲気。青い屋根に白壁の街並が映える、夏の日差しがおすすめ。

旅の予算

約25万円

飛行機、現地交通機関、宿泊、朝食、燃油サーチャージを含む。

旅の注意点

シーズン前後は波の影響で船が欠航になることがあるので要注意。日差しが強いので日焼け止めなどは必携だ。街は高台にあり、港に到着後にバスやタクシーで移動することになる。ビーチは火山岩黒砂のものが多いので必ずサンダルを履こう。海に入る場合はウニなど海洋生物に刺されないよう注意すること。

エーゲ海の白い宝石 ミコノス島で 極上の休日を！

ここにも寄りたい

アテネは立ち寄るだけでなく市内観光もおすすめ。街中にギリシャ神話の遺跡が残り、古代の歴史が感じられる。クルーズ船や国内線で島に行くなら、“エーゲ海の白い宝石”と称えられるミコノス島やクノッソス宮殿のあるクレタ島へも行こう。

旅の相談はH.I.S.へ

トラベルワンダーランド新宿本社ヨーロッパセクション（TEL:03-5360-4881）なら航空券自由旅行の組み合わせからパッケージツアーまでプランにあわせたご案内が可能。オーロラ観賞との組み合わせも人気でおすすめ。

7色に彩られた
パレットのような街！

絶景への行き方

ピサ空港からピサ中央駅まで約1km。さらにピサから電車で約1時間半で世界遺産チンクエ・テッレ（5つの村）の南の玄関口、リオマッジョーレに到着。フィレンツェから行く場合は電車で2時間40分～3時間、ジェノヴァから電車の場合は1時間半から2時間。

ピサから
行く方法が
一番近い

photo by the bbp

いいね！　Anna Yamashitaさん
ちいさくて、かわいい村でした!! 時間がなかったので日帰りでしたが、行かれるなら1泊されることをおすすめします!!

いいね！　のぼるん♪さん
イタリアツアーで訪れた中で1番気に入った場所です(*^^*)　のんびりとしていて、おじいちゃんたちが一緒に日向ぼっこをしようと誘ってくれたこともありました（笑）さすが漁村、ロブスターのパスタは絶品でした！また行きたいなあ(^.^)

たとえばこんな旅

SUPERB TOUR PLAN

- 1日目　成田 → 欧州内乗り継ぎ → フィレンツェ泊
- 2日目　フィレンツェ市内観光
- 3日目　フィレンツェ → 電車でピサ → リオマッジョーレ → チンクエ・テッレ泊
- 4日目　チンクエ・テッレ観光 → ジェノバ泊
- 5日目　ジェノヴァ →
- 6日目　成田着

おすすめの季節

4月から10月

4月～10月がおすすめ。ただし8月はイタリアのヴァカンスシーズンで混み合う。5つの村々を結ぶ鉄道やバスも乗り放題の「チンクエ・テッレカード」を利用するといい。

旅の予算

約20万円

飛行機、現地交通機関、宿泊、朝食、燃油サーチャージを含む。

旅の注意点

5つの村を巡るには各村の港からボートに乗るのがおすすめ。海側から狭い湾に建つカラフルな家々を十分に鑑賞できる。村の中はミニバスが巡回しているが、大きなバス停などはない。乗り場の看板を見落とさないよう注意が必要。大きなスーツケースを持っていると坂道と石畳で大変なので、1泊程度の小旅行がおすすめ。

ここにも寄りたい

フィレンツェ観光もおすすめ。サンタ・マリア・デル・フィオーレの鐘楼やクーポラから見下ろす街並は最高だ。ウフィツィ美術館のボッティチェリやラファエロの名画も見逃せない。

また、ジェノヴァで本場のジェノヴェーゼを食べるのもいい。地中海クルーズなどの発着港でもあるので、大型クルーズ船が港に停泊する姿を見るだけでも旅心がくすぐられる。

サンタ・マリア・
デル・フィオーレも
見なきゃ損！
もったいない！

旅の相談はH.I.S.へ

トラベルワンダーランド新宿本社ヨーロッパセクション（TEL:03-5360-4881）なら航空券自由旅行の組み合わせからパッケージツアーまでプランにあわせたご案内が可能。オーロラ観賞との組み合わせも人気でおすすめ。

絶景 23

プリトヴィツェ湖群国立公園

クロアチア

北東部、ボスニア・ヘルツェゴビナとの国境近くに位置する国立公園。約8kmに渡って連なる16の湖が有名であり、それらをつなぐ滝は“世界一美しい滝”と言われている。絶え間なく変化する水の色はときに紺碧、ときに紺青と、見る人を飽きさせない。

絶景　24

カナイマ国立公園（ギアナ高地）

ベネズエラ

南米ベネズエラに存在する国立公園。関東地方ほどの広大な面積を保有する。無数のテーブルマウンテンが存在し、未だに人類未踏の地があることから“世界最後の秘境”と呼ばれている。世界最大の滝「エンジェルフォール」があるのもここ。

ひとつ残らず
この目に焼き付けたい！

> いいね！　FJさん
> あいにくの雨の日に行きました。ガイドブックのようなブルーではなかったものの、名前のついた小さな滝がいくつもあり、整備された手作りウッドデッキを楽しみながら歩くことができました。マイナスイオンが気持ちよかったです。

絶景への行き方

プリトヴィツェ湖群国立公園は、クロアチアの首都ザグレブから南へ約110kmのところに位置する。ザグレブからは、バスで約2時間半で到着。バスは1日に約9～13便の運行がある。

クロアチアまでは日本からの直行便はないので、欧州内主要都市で乗り継ぎが必要となる。所要時間は乗り継ぎ便にもよるが、だいたい15時間前後。その他、隣接する各国から、国際列車や国際バス路線を利用して、ザグレブに入ることもできる。ザグレブから湖畔公園までは、バスで片道だいたい2時間～2時間30分だ。

> いいね！　晩秋花さん
> 昨年紅葉シーズンに行きました。紅葉も良いけど、水量の多い5月ごろもう一度行きたい！

たとえばこんな旅

SUPERB TOUR PLAN

1日目　成田 → 欧州内乗り継ぎ → ザグレブ泊
2日目　ザグレブ → 列車でプリトヴィツェ湖群国立公園へ → プリトヴィツェ湖群国立公園泊
3日目　プリトヴィツェ湖群国立公園 → 列車でザグレブへ → ザグレブ泊
4日目　ザグレブ → 欧州内乗り継ぎ →
5日目　成田着

おすすめの季節

夏

エメラルドグリーンの湖と滝が織りなす美しい風景が最も楽しめるのは、夏から秋の紅葉シーズン。冬から春にかけては雪景色や凍てついた滝に風情があるが、園内のホテルやレストランは休業となるところが多い。

旅の予算

約16万円

飛行機、宿泊、空港送迎タクシー、バス、プリトヴィツェ湖畔公園入園料を含む。

旅の注意点

広大な国立公園内では、登山用の重装備は不要だが、ハイキングに適した、動きやすく歩ける服装が必要。また、標高が高いので日中の気温の変化も激しく、夏でも薄手のカーディガンやウィンドブレーカー、折りたたみ傘を準備しておこう。春から秋の終わりまで天気のいい日は日差しが強いのでサングラスと帽子、日焼け止めも忘れずに。また、夏季は世界中の人々が集まり、とにかく混雑する。入場券を購入するにも、園内のボートやバスに乗るにも、待ち時間の覚悟が必要。余裕のある予定を組むことをおすすめする。

ここにも寄りたい

クロアチアは美しいアドリア海と、その沿岸の古い街並が魅力の観光立国。中でも訪れる人々を魅了してやまないのが、「アドリア海の真珠」と称えられる都市、ドブロヴニク。

オレンジ色で統一された屋根が並ぶ旧市街は、世界遺産にも登録されている。街は高く重厚な城壁に囲まれており、まるで絵葉書のような美しい光景が広がっている。

せっかく東欧まで行くなら、城壁の上をぐるっと歩いて一周し、アドリア海と旧市街の全景をぜひ眺めてみては？

美しく透明なアドリア海も船が飛ぶように見える

美しい古都ドブロヴニクも行きたい

旅の相談はH.I.S.へ

なかなかなじみがない、言葉が通じない、鉄道が通っていないためバスで行くしかない場所に個人で行くのはかなり困難。添乗員付きツアーであれば公園周辺のトロギロール、スプリットなど他の世界遺産も一緒に廻れるので効率的！
関東予約センター添乗員ツアー専門ダイヤル（TEL:0570-00-7667　または、03-5326-5175）

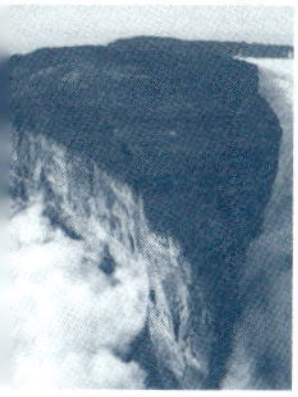

絶景 24　カナイマ国立公園（ギアナ高地）　ベネズエラ

自分の踏み出す一歩が 人類初の一歩になるかも

絶景への行き方

ベネズエラのカラカスを入口として、カナイマ国立公園の観光拠点シウダーボリーバルを目指そう。カラカスから国内線に乗り継いでプエルト・オルダスのバスターミナルへ。ここでバスには乗らず、タクシーで120kmほど移動する。バスの方が安いが、快適で物価が安いので乗合タクシーを使うと便利。

シウダーボリーバルからは現地ツアーに申し込んでカナイマを目指すが、セスナでしか行けない上に、到着までに約2日。現地ツアーでも約4泊する。物価は安いので、贅沢に感じても体の負担が少ない方法を選択するのがコツ。カラカスの治安の悪さにも注意！

カピバラにも会えるかも！

いいね！　ぽじへいさん
行きました。凄まじいの一言です。ここにあるエンジェルフォールは、言葉を失います。日本から遥かに20時間。さらにセスナを飛ばし、トラックに乗り、河をボートで6時間。さらにジャングルを2時間。しかし、人生変わります。

たとえば こんな旅

SUPERB TOUR PLAN

1日目	成田 → サンフランシスコ乗り継ぎ → ヒューストン乗り継ぎ →
2日目	カラカス → 国内線でプエルト・オルダスへ → タクシーでシウダーボリーバルへ → シウダーボリーバル泊
3〜7日目	シウダーボリーバルでツアー参加（4泊）
8日目	シウダーボリーバル → 国内線でプエルト・オルダスへ → カラカス泊
9日目	カラカス → ヒューストン乗り継ぎ → ロサンゼルス →
10日目	羽田着

※帰路便に関しては現地深夜発のある羽田行きに乗り継ぐと現地での宿泊を短くできるのでおすすめ。

おすすめの季節

夏

雨季から乾期に移り変わる8月・9月がベスト。乾期は川の水量が少なくてエンジェルフォールを一番間近で見られる島へボートで行けなくなることも。もちろんエンジェルフォールの水量にも影響が出てくる。

旅の予算

約35万円

飛行機、タクシー、現地ツアー、現地交通鵜機関、食費を含む。

旅の注意点

ギアナ高地では、雨季・乾季問わず、虫除け対策を万全にする必要がある。蚊取り線香も役に立つので準備しよう。肌の露出を極力少なくするためにも、長袖、長ズボン、手袋を忘れずに！虫刺されの薬も常備したほうがいい。また、帽子・サングラス・長袖シャツなどの日焼け対策も万全に。レインコート・ゴアテックスの上下は、ボートに乗船時に必須。汚れても、濡れてもいい靴でジャングルウォークを堪能しよう。

ここにも寄りたい

ギアナ高地をどこまで回るかが問題となる。メインイベントとなるのはエンジェルフォールだと思われるが、エル・サポの滝やオリノコデルタツアーなど、ほかにも観光資源に満ちあふれている。時間の許す限り遊びつくそう！

ライメ展望台やセスナの遊覧飛行でエンジェルフォールを見下ろす贅沢もできる。

地球に残された最後の秘境で遊びつくそう！

絶景　25

レンソイス・マラニャンセス国立公園

ブラジル

南米大陸北東に位置する広大な白い砂漠。その広さは東京23区が約2.5個も入るほど。雨期の1月～６月の間だけ無数のエメラルドグリーンの湖が出現し、砂漠のどこからか魚類が現れ、湖で生息する。

06

絶景 26

紅海灘風景区

中華人民共和国

世界最大規模の湿地帯。この土地の土壌に含まれる塩類･アルカリ成分により「マツナ」という植物が真っ赤に染まり、湿地帯を埋め尽くす。その光景から“赤い砂浜”と呼ばれている。見頃は9月頃。

絶景 25　レンソイス・マラニャンセス国立公園　ブラジル

砂漠に生息する
生態系不明の魚が気になる

絶景への行き方

真っ白な砂丘と、1年の半分だけ出現する湖。そんな神秘的な絶景へ行くには、まず日本から空路でブラジル・サンパウロへ。そこでブラジル国内線に乗り継ぎ、サン・ルイスへ。観光の拠点となる都市バヘリーニャスへはさらに車で約3時間。バヘリーニャスから未舗装のでこぼこ道を15kmほど行けば絶景にたどり着く。決して楽なアクセスではないが、そのぶん感動もひとしおだ。日本-ブラジル・サンパウロ間は、アメリカ合衆国乗り継ぎのアメリカ系航空会社（デルタ航空、アメリカン航空）や、中近東（アブダビなど）乗り継ぎのエティハド航空などがおすすめ。

いいね！　寺本 美紀さん

絶景です！サン・ルイスから車で3時間ですがセスナで行った方がいいです！上からの景色は最高です。

いいね！　岡本 紀子さん

ブラジルに着任して2週間目で行きました。行くまでも道のないところをバギーで駆け抜けて興奮。着いたらその綺麗さでまた興奮。セスナで上から見て大興奮！ 超おすすめです！

たとえばこんな旅　SUPERB TOUR PLAN

1日目	成田 → アトランタ乗り継ぎ → サンパウロ泊
2日目	サンパウロ → サン・ルイス泊
3日目	サン・ルイス → 車でバヘリーニャスへ → バヘリーニャス泊
4日目	バヘリーニャス → ジープでレンソイス・マラニャンセス国立公園 → バヘリーニャス泊
5日目	バヘリーニャス → サン・ルイス泊
6日目	サン・ルイス → サンパウロ →
7日目	アトランタ乗り継ぎ →
8日目	成田着

おすすめの季節

5月から9月

1年の半分だけ出現するエメラルドグリーンの湖（ラゴーア）が見られるのは、雨季（1月～6月）の終わりから雨季明けの季節。おすすめは5月～9月。10月を過ぎると湖が干上がってしまい、見応えはやや落ちる。

旅の予算

約35万円

飛行機、宿泊、出入国税、燃油サーチャージを含む（9月3日出発の例）。

旅の注意点

湖で泳げるので、水着は持参しよう。砂丘はまったくと言っていいほど日陰がない。日焼け止め、帽子、サングラスなどは必須。また、砂漠をたくさん歩けるよう履きなれた靴（スニーカーなど）、ショートパンツ、砂よけ用のカメラ袋、季節によってはカッパなどの雨具、両手が自由になるリュックやウエストバックなどがおすすめ。

ここにも寄りたい

サン・ルイスは世界文化遺産に登録されている見どころの多い街。ブラジルで唯一フランス人によって築かれた都市で、入植時代の面影を残す美しい町並は必見。特にヨーロッパ風のカラフルなタイルで飾られた壁が素晴らしい。ついでに成長著しいブラジルの勢いが感じられる、南米最大の都市サンパウロにも足を伸ばしたい。本場のサッカーやシュラスコを思いっきり楽しもう。

絶景からサッカーまで
よくばりな旅を実現

ダイブしたら 大変なことになりそう (^^;)

絶景への行き方

遼寧省瀋陽市から約155km離れた盤綿市を目指し、そこからさらに約30km南西に行くとある（遼東半島と遼西回廊の間の渤海が一番奥まった遼東湾に面して位置する）。瀋陽から盤綿市へは急行電車で最短約1時間、またはバスで約3時間。そこからバス・タクシーに乗って約30分で紅海灘風景区へ。電動カートに乗り換えて約30分後に紅海灘に到着する。

中国茶のデパート 瀋陽茶城も寄りたい

瀋陽に行ったら、中国茶や茶器専門店がひしめく瀋陽茶城でお土産を。

瀋陽の夕食は 老辺餃子館で！

たとえば こんな旅

SUPERB TOUR PLAN

1日目　成田 → 瀋陽泊

2日目　瀋陽 → 盤綿市 → 紅海灘風景区観光 → 瀋陽泊

3日目　瀋陽観光（旧大和ホテル、旧満鉄本社、瀋陽駅、満州事変の資料が残る九.一八事変歴史博物館など）瀋陽泊

4日目　瀋陽 → 成田着

おすすめの季節

秋

湿地帯を赤く染めるマツナは毎年3月～4月に芽吹き、最初は色が淡く、じょじょに濃くなり、9月～10月頃になると赤い絨毯を敷いたような平原が広がる。

旅の予算

約9.5万円

飛行機、宿泊、朝食を含む。

旅の注意点

紅海灘には丹頂鶴などたくさんの野鳥が飛来するので、カメラの他に双眼鏡があるとバードウォッチングに便利。木製の桟橋など観光用に整備されているが歩きやすい靴、服装で！ベストシーズンの9月～10月の気候は最低気温5℃～最高気温20℃前後。風が強い日もあるので上に羽織るものがあったほうがベター。

中国は鍾乳洞も スケールがでかい！

ここにも寄りたい

おすすめは、瀋陽市郊外のアジア最大級の鍾乳洞の本渓水洞。500万年ほどの歴史があり、広さ36k㎡・全長2.8kmにもなる。内部のほぼ全体が池になっていて、この地下水路を電動エンジン付きボートで巡ることができる。

本渓水洞の他、中国最大の鍾乳洞・黄龍洞なども人気の絶景。

絶景　27

ハット・ラグーン

オーストラリア

オーストラリア西部、パース付近にある湖。塩分濃度が高く、生息しているバクテリアが体内で赤い「カロチン」を生成するため、水がピンク色に見える。複数ある塩湖の中でも最も鮮やかな色をしていることから別名“ピンクレイク”と呼ばれている。

絶景 28

ダナキル砂漠

エチオピア

アフリカ大陸北東部にある砂漠。高度-60m、気温45度という環境に存在する絶景で、“世界で最も過酷な場所” と言われている。硫黄や塩分でできた、黄緑色の不可思議な光景を目にすることができる。

絶景 27　ハット・ラグーン　オーストラリア

かわいいピンクの湖！ 乙女心をくすぐられる♥

絶景への行き方

まずはパースへ。しかし直行便はないので、アジア各地で乗り継いで約13～15時間。パースからは現地の格安航空会社スカイウェスト航空を利用してエスペランスへ。1日2～3本の便があり、約1時間40分かかる。ハット・ラグーンはエスペランスから郊外へ5kmのところにあり、車で10分～15分で到着。

パースはヨーロッパ人がオーストラリアで最初に建設した都市

いいね！　河内繁一さん

僕はエスペランスのラッキーベイに行く途中に寄りました。自分が行った時はあまりピンク感は少なかったです。バクテリアとか水質の状態に色が左右されるとそこらにいた人が言ってました。

たとえば こんな旅

SUPERB TOUR PLAN

1日目　成田 → シンガポール乗り継ぎ → パース泊
2日目　パース泊
3日目　パース → エスペランス
　　　　→ 車でハット・ラグーンへ → エスペランス泊
4日目　エスペランス → パース乗り継ぎ
　　　　→ シンガポール（日付変更）
5日目　パース → 成田着

おすすめの季節

7月から12月

1年中過ごしやすいが、4月～12月が暑くなりすぎず快適。ワイルドフラワーの見頃は7月初旬～12月中旬にかけて。パースがある西オーストラリア州で咲き乱れる。1万2000種が自生し、その約8割が固有種。

旅の予算

約22万円

飛行機、宿泊、空港送迎タクシー、レンタカー（1日・エスペランス）を含む（9月出発の例）。

旅の注意点

南半球なので季節が逆であることには注意しよう。冬であっても日本ほど冷え込むことはないが、夜の観光の冷え込み、長距離バスでの移動時の冷房対策なども考えて、上着は準備しておこう。またオーストラリアに渡航するには電子ビザが必要となるが、オンラインで簡単に作成可能。

ここにも寄りたい

西オーストラリアは自然の絶景の宝庫。パースでもう1日延長して、15mの巨岩が大波に見える「ウェーブ・ロック」に行ってみては？　その大きな波が固まってできたかのような岩は、風、雨、砂により、数百万年に渡ってできた自然の芸術。

ウルルやピナクルズも見ておきたい絶景

絶景 28　ダナキル砂漠　エチオピア

不気味だけど、フシギと心を惹かれる魅力がある

絶景への行き方

ダナキル砂漠はエリトリア、エチオピア、ジブチ、ソマリアにまたがって存在する低地で、海面より標高が低く、最も低いところで−155mに達している。

そんなところへ行く方法は、まず日本から香港経由でエチオピアの首都アディスアベバに入り、さらに国内線でエチオピア東北部の町メケレへ。

そこからは現地旅行会社のダナキル砂漠のツアーに入って、各絶景ポイントを回ることになる。ツアーは申し込みをしてから2～3日後に参加できることが多く、かつ平均的に3泊4日のツアーで、ツアー中の宿泊はテントや村の一部を借りた小屋に宿泊することに。余裕のある旅程を考えておこう。

そのツアーで、最大の見どころ「世界で一番間近で見られるエルタ・アレ山頂での噴火口見学」「地球上で最も低い場所のひとつダロールの河口湖（黄色やエメラルドグリーンの結晶に覆われた大地）」などを訪れる。

いいね！　ぱなうるさん
去年のGWに行ってきました！まさに絶景でしたよ！動画をYouTubeにupしたので良かったら見て下さい！
http://www.youtube.com/watch?v=aCEFAkgjEwo

たとえばこんな旅

SUPERB TOUR PLAN

1日目	成田 → 香港乗り継ぎ →
2日目	アディスアベバ → 国内線でメケレへ → メケレ泊
3～6日目	ダナキル砂漠ツアーに参加
7日目	メケレ → 国内線でアディスアベバ → 香港乗り継ぎ →
8日目	成田着

らくだは今も運搬の手段

おすすめの季節

12月から1月

地球上で気温が最も高い地域であり、3月～9月にかけては平均が約50度に達することから、その時期に行動することは不可能。旅行におすすめのシーズンとしては、冬の時期の12月～1月がいいだろう。

旅の予算

約26万円

飛行機、空港利用税、燃油サーチャージ・航空保険料、出入国税、宿泊、オプショナルツアーを含む。

旅の注意点

ダナキル砂漠ツアー中の宿泊はすべてキャンプや集落（村）の小屋となるので、シャワーを浴びることは諦めたほうがいい。この周辺の湖岸には温泉が湧いているところがあり、死海よりも塩分濃度が濃いため、泳いでみることをおすすめする。水着は持参しよう。また、ダナキル砂漠周辺の道路は砂埃がひどいので対策は必須。さらに熱中症や日焼け（やけど）には十分に注意して、水分をこまめにとることと、肌の露出をなるべく避けるよう気を付けよう。

ここにも寄りたい

アディスアベバから車で4時間、アワシュ国立公園のサファリパークがおすすめ。車で公園内を移動でき、ラクダや猿などの野生動物が見られる。また天然温泉が近くにあり、アファール族と一緒に入浴も可能。ダニが少々多いのが気になる。

地球上で最も熱い国を体験してみたい！

いいね！　仲野裕子さん
とにかく暑くて、そこらじゅうポコポコフツフツ湧きあがってて、地球が生きてる感じがしました。砂漠なのでここに辿り着くまでがすごく大変で、また危険なエリアの為軍隊や警察も一緒に行きました。

絶景 29

モノ湖

アメリカ

073

西部カリフォルニア州にある湖。水の流出がなく、水に溶け込んでいる塩分が湖内に蓄積されるため、非常に塩分濃度の高い、アルカリ性の湖になっている。2010年にはNASAがこの湖で“ヒ素で生きる細菌”を発見したと発表し、地球外生命体生息の可能性が話題になった。

地底に宇宙人がいる? ワクワクゾクゾク!

塩の湖に奇妙な岩…
まさに奇景!

100万年とも76万年とも言われる遥か遠い過去から、いっさい水が流れ出すことのない塩の湖。

絶景への行き方

地球上にありながら宇宙の神秘さえ感じさせる奇岩の光景、モノ湖へ行くには、ちょうどいい公共交通機関はないので、自動車を利用しよう。

サンフランシスコからほぼ真東へ車で約5時間。ロサンゼルスからは北へ車で約6時間。人気のヨセミテ国立公園の東側に位置する。

いいね! Aya Yoshizakiさん
ここ行ってきました。サンフランシスコから車で5時間ぐらいで行けます。とってもよかった。日中は暑いけど、夕暮れになると光の加減で神秘的に見えます。

たとえばこんな旅

SUPERB TOUR PLAN

1日目 成田 → サンフランシスコ泊
2日目 サンフランシスコ → 車でモノ湖へ → ヨセミテ国立公園泊
3日目 ヨセミテ国立公園観光 → ヨセミテ国立公園泊
4日目 ヨセミテ国立公園 → 車でサンフランシスコへ → サンフランシスコ泊
5日目 サンフランシスコ →
6日目 成田着

ヨセミテ公園内には
高級ホテルから
ロッジまでいろいろ

おすすめの季節

5月から6月

冬は不通になる道路もあるため、夏がおすすめ。5月～9月がベストだが、ヨセミテ国立公園も行く場合は滝の水量が多い5月～6月がいい。8月は水量が減り、気温が高くて昼夜の温度差はあるものの過ごしやすい。

旅の予算

約25万円

飛行機、燃油サーチャージ、出入国税、レンタカー(5日間)、宿泊を含む(9月3日出発の例)。

旅の注意点

真夏でも昼夜の温度差があるため、長袖の上着などの防寒着は必ず持って行こう。急な雨にそなえて上着はアウトドア用の防水仕様が望ましい。全体的に日本の登山に行くような装備であれば十分だが、強い日差しや乾燥対策は忘れずに!現地で運転するにはもちろん国際免許証が必須。

スティーブ・ジョ
はヨセミテのホテ
結婚式を挙げた

ここにも寄りたい

モノ湖に行くなら、ヨセミテ国立公園は外せない! むしろヨセミテをメインに、モノ湖にも足を伸ばすのがおすすめ。

世界遺産にも指定されているヨセミテ国立公園は、年間訪問者数が350万人を超え、日本人にとっても、グランドキャニオンに並ぶほどの人気のスポットである。

公園は標高3000mを超えるシェラネバダ山脈に広がっており、4000m級の山々、渓谷、谷、草原、森林などアメリカならではの雄大で美しい自然をたっぷり楽しむことができるようになっている。

サンフランシスコから日帰りも可能だが、駆け足ではもったいない場所なので、最低でも1～2泊は国立公園内に泊まり、トレッキングやサイクリングなど、全身で大自然を感じてみてはいかが?

わたしが行った
世界の絶景
③

屋久島

text: 詩歩

「長老」という風格の縄文杉。屋久島トレッキングは想像以上に辛い。友達は足首が真っ赤にはれたほど。トレッキングはできれば集団で、もしくはガイドに同行してもらうのがおすすめ。

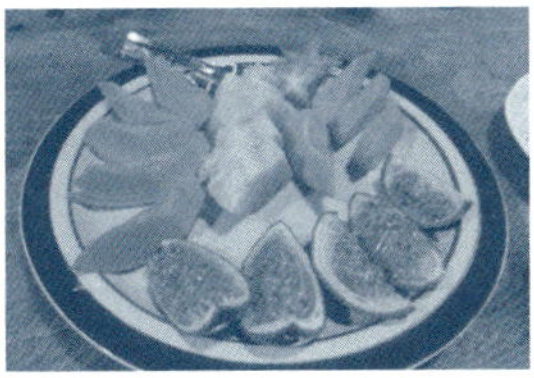

屋久島ではマンゴー、トビウオの唐揚げが美味しかった！

「世界遺産」と聞くと、エジプトやスペインを想像して、遠い存在のように感じてしまっている人が多い気がします。でもわたしは、日本人ならまず国内の世界遺産に行けばいいのに、と思っています。

わたしが国内でいちばん好きな観光スポットが、世界遺産である屋久島です。
ここではその中でも、わたしが最も魅力的だと思っている「白谷雲水峡＆屋久杉トレッキング」について紹介します。

トレッキングの日はAM4時が起床の時間でした。
ガイドさんの車に乗って山のふもとへ。ここから約14時間のトレッキングがスタートします。

まずはひとつめのスポット、「もののけ姫」の舞台になったと言われる「白谷雲水峡」です。

iPodで、もののけ姫のテーマソングを流しながらのトレッキング。森林と岩を埋め尽くすコケが周囲を鮮やかな緑色に染めます。緑の森林の間からヤク鹿が出てきそうな、静かで神妙な雰囲気が漂います。

２時間ほど上がったところにふたつめのスポット「太鼓岩」があります。ここは縄文杉にも勝ると言われる屋久島一の絶景スポットです。森林の間を抜けると目の前に急に大きな丸い岩が現れ、岩に上ると360度の絶景のパノラマビューが広がります。

丸い太鼓岩は、一歩間違えれば命がなくなる非常に危険でスリリングなスポット。それでもギリギリまで、もっとギリギリまで行って見たい。
そんな風に思わせてくれる隠れた絶景スポットです。

そしてそこから4時間ほど歩いた昼過ぎ、いよいよボスである「縄文杉」とご対面しました。
さすがボス。周囲の木とは比べ物にならないほどの存在感がありました。
壮大なパワーを感じ、その凄みに圧倒されてしまう。5分くらい、ただただぼーっと縄文杉を見つめてしまいました。3000年も前からこいつはここに存在していて、まだ日本という国が存在していなかった時代も、日本人同士が争っていた時代も、日本が海外の国々に壊されていった時代も、ただただここに存在していて、これから先わたしが死んだ後もずっとここに存在しているんだろうなと思うと、感動してその場を離れることができませんでした。

あきれた友達に縄文杉から引きはがされ、いよいよ帰り道に向かって再スタート。
下山したのはあたりが真っ暗になったPM7時でした。

この屋久島の歴史ある大自然を見ることは、ひとりの人間の悩みなんて本当にちっぽけで、だからこそこれから先どんな風にも変えて行くことができるな、と考えさせられる体験でした。

絶景 30

バンドン

アメリカ

合衆国西海岸、オレゴン州にあるリゾート地。583kmに及ぶ海岸線のすべてが公有地になっており、手付かずの美しい砂浜を楽しむことができる。ゴルフ場が有名であり、「ベストゴルフリゾート・トップ100」に選出されたゴルフ場もある。

絶景 31

マーブル・カテドラル

アルゼンチン・チリ（通称パタゴニア）

チリとアルゼンチンの国境付近、通称パタゴニアと呼ばれる場所にあるヘネラル・カレーラ湖内の洞窟。大理石でできている洞窟内はターコイズブルーの湖の色を反射し、まるで青く輝いているようである。“世界一美しい洞窟”のひとつと言われている。

絶景 30　バンドン　アメリカ

打ちっぱなしを卒業して 海外でコースデビュー!?

絶景への行き方

バンドンへは最寄の空港からレンタカーがおすすめ。最も近い空港はオレゴン州ノースベンド。ここから約40キロ、約1時間のドライブで到着。もっとドライブを楽しみたいなら、例えばサンフランシスコ空港からは車で約9時間半、シアトル空港からは約8時間、ポートランド空港（オレゴン）からは約5時間。

手つかずの自然が厳しくも美しい！

いいね！　大森隆志さん
オレゴンコーストは確かに美しかった！

たとえばこんな旅

SUPERB TOUR PLAN

1日目	成田 → サンフランシスコ乗り継ぎ → ノースベンド着 → レンタカーでバンドン・リゾートへ → バンドン・リゾート泊
2日目	バンドン・デューンズにてゴルフ → バンドン・リゾート泊
3日目	バンドン・デューンズにてゴルフ（予備日） → バンドン・リゾート泊
4日目	バンドン・リゾート → レンタカーでノースベンドへ → サンフランシスコ泊
5日目	サンフランシスコ →
6日目	成田着

おすすめの季節

夏

過ごしやすい夏の季節（7月～9月）がおすすめ。春（3月～5月）、秋（10月～11月）も日本の初冬くらいには冷え込むため、もしその季節にバンドンに旅行するのであれば、暖かい装備を忘れずに。

旅の予算

約22万円

飛行機、出入国税、燃油サーチャージ、宿泊（大人2人で1部屋利用の場合の1人分）、レンタカー（Eクラス2ドアまたは4ドア･4日間分）を含む（9月3日出発する例）。

旅の注意点

日本よりも紫外線が強いため、日焼け止め･サングラス･帽子･手袋などを持参しよう。ゴルフを楽しむ場合はゴルフウェアを忘れずに。クラブはレンタルも可能だが、日本から持参する場合は、飛行機積み込みに規制がかかる場合もあるので事前に航空会社に確認を！全米トップ100にもランクインする有名コース、バンドン･デューンズはリゾートの宿泊者のみ利用可能。人気のリゾートなので早めの予約を！　1年前の予約がおすすめという噂も…。

ここにも寄りたい

サンフランシスコは乗り継ぎだけではもったいない。途中降機して立ち寄ってみては。ゴールデンゲートブリッジ、アルカトラズ島、フィッシャーマンズワーフなど、これぞアメリカ！なスポットで、本場のクラムチャウダーを味わってみよう。

さらに余裕があるならサンフランシスコ発着のツアーに参加して、ヨセミテ国立公園に行きたいところ。日本とは違う大自然に触れられる。ちなみに約3万円を航空券代に上乗せすれば、ハワイにも立ち寄れるチケットにできる。

ヨセミテの大自然がインスピレーションを与えてくれる

旅の相談はH.I.S.へ

バンドンに行きたい場合も、業界最大級の品揃えの中からニーズに最適な航空券（飛行機チケット）がきっと見つかるはず。オンラインなら24時間空席照会･予約が可能。
トラベルワンダーランド新宿本社　海外自由旅行専門店（TEL:03-5360-4891）

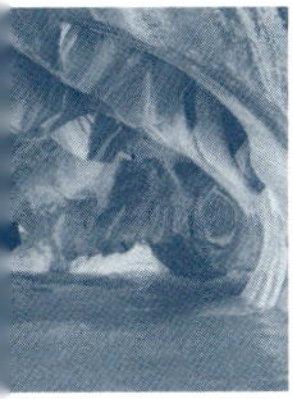

絶景 31　マーブル・カテドラル　アルゼンチン・チリ（通称パタゴニア）

有名な釣りスポットで竿を垂らしてぷかぷか

ペンギンに
会えるかも？

絶景への行き方

マーブル・カテドラルに実際に行くには、相当な覚悟と時間が必要となる。まず飛行機で、チリのサンチアゴで乗り継いでプンタアレナスへ。

そこからは1日1便しかない区間もある長距離バスとミニバス（バンのようなもの）を乗り継いで、トランキーロへ。このバスの乗り継ぎがスムーズにいかなくて、2～3泊しなければならない可能性も考えておこう。

バスで到着したトランキーロがマーブルカテドラルの観光拠点となる。トランキーロでボートをチャーターするか、または現地の観光ツアーに参加するのがおすすめだ。

大きな魚が
ガンガン釣れる

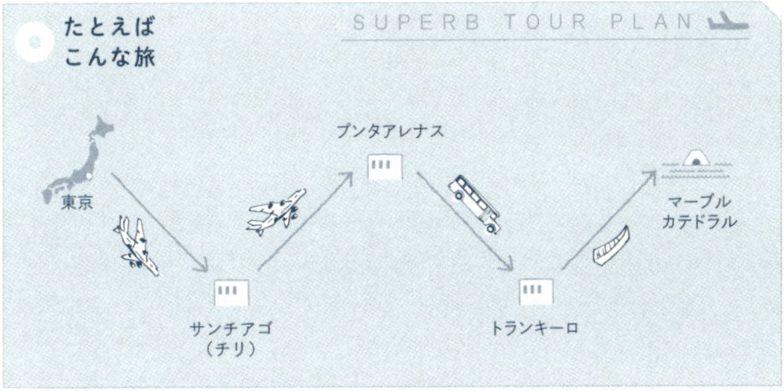

おすすめの季節

11月から3月

パタゴニアは南半球にあるので、日本とは季節が逆になる。11月～3月の現地の夏時間でないとツアーが催行されない日も多く、チャーターも人数割となる。

旅の予算

約50万円

約50～80万円前後（飛行機は25～30万円前後となるが、思わぬ強制的な宿泊が発生するなどがあるので余裕を持っておこう）。

旅の注意点

とにかく不定期なバスの時間には、おおらかな現地の方々の性格が反映されている。偶数日・奇数日で催行バス会社も変わるなど、なかなか把握の難しいスケジュール。日数にはかなりの余裕をもって訪れることをおすすめする。

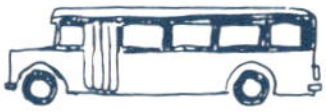

自然が作り出す
青の世界に浸る！

ここにも寄りたい

パタゴニアまで来たならばフィッツロイとロスグラシアス国立公園の氷河、スペガツィーニ氷河・ペリトモレノ氷河は必見。雪の結晶が溶けて、圧力がかかってできた氷河の氷は、通常よりも透明度が高くなり青い光だけを反射する。

絶景　32

キャピラノ渓谷吊り橋

カナダ

キャピラノ川両側の切り立つ深い渓谷にかかる、バンクーバー最古の吊り橋。全長約140m、高さ70mもある。はるか遠くに川を見下ろしながら、左右にゆらゆら揺れている吊り橋を渡るのはかなりの勇気が必要！

天門山ロープウェイ

中華人民共和国

張家界の市街地と天門山国家森林公園を結ぶロープウェイ。全長7455mもあり、世界最長のロープウェイとなっている。片道の所要時間は30分程度。天門山の山頂から市街地まで一気に降下し、また地面からの高さも1km以上あることから、スリル満点な体験をすることができる。

絶景 32　キャピラノ渓谷吊り橋　カナダ

自ら体験できる絶景
スリル満点の思い出に！

絶景への行き方

　自動車の場合はバンクーバーダウンタウンから約30分。バスの場合は、カナダプレイス、ハイアットリージェンシーホテル、ブルーホライズンホテル、ウェスティンベイショアの4箇所から無料シャトルバスが運行している。

　公共交通機関を利用する場合は、ダウンタウンのウォーターフロント駅からシーバス（通勤フェリー）でノースバンクーバー市へ渡り（約15分弱）、シーバスを降りてすぐのところにあるローンズデールキーバス停から「#236番 ペンバートンハイツ/グラウス山行き」のバスに乗れば約15分で到着する。

いいね！　Tomoko Mikiさん
冬に行ったら、橋が凍ってて、さらにスリル！

バンクーバーは
大自然もある都会

たとえばこんな旅

SUPERB TOUR PLAN

1日目　成田 → バンクーバー泊
2日目　バンクーバーホテル → ノースバンクーバー半日観光
　　　→ バンクーバー泊
3日目　バンクーバー泊
4日目　バンクーバー →
5日目　成田着

おすすめの季節

夏

晴天と森林浴が楽しめる7月～9月に行こう。冬は11月30日～1月4日（2013-14年度）限定キャニオンライトを見たい。電飾が施された吊り橋とクリスマス色の“ツリートップアドベンチャー”がロマンチック。

旅の予算

約12万円

飛行機、空港とホテル間の混乗送迎、宿泊、燃油サーチャージを含む。

旅の注意点

最も有名な吊橋の他に、木々の間にかけられたツリーウォーク“ツリートップアドベンチャー”や森林浴が楽しめるトレイル、崖にかけられた“クリフウォーク”などを思い切り楽しむため、運動靴など歩きやすい服装で。夏は虫除けもしくは、薄手のシャツを持参するとより安心だ。

ここにも寄りたい

　できれば2010年冬季オリンピックが開催された北米最大規模のスキーリゾート「ウィスラー」にも寄りたい。スキーの季節はもちろん、夏も人気の避暑地としてにぎわう。おすすめは5月中旬から9月中旬までの限定で運行しているロッキーマウンテニア社の観光列車。ノースバンクーバーを出発後、海岸線からフィヨルドを眺めつつウィスラーまで上がっていくルートは「Sea to Sky Climb」という名にピッタリ。氷河水の渓谷や、落差335mのシャノンの滝など、飽きることがない。

シャノンの滝を
目指して歩く
森の中は
気持ちいい

旅の相談はH.I.S.へ

新宿本店にアメリカ・カナダ専門店デスクがある（TEL:03-5360-4881）。バンクーバー宿泊、ノースバンクーバー半日市内観光にオプショナルツアーとして参加可能（140 カナダドル、10月31日まで毎日催行）。キャピラノ渓谷にかかる吊り橋を渡り、素晴らしい眺めとスリルを楽しもう。

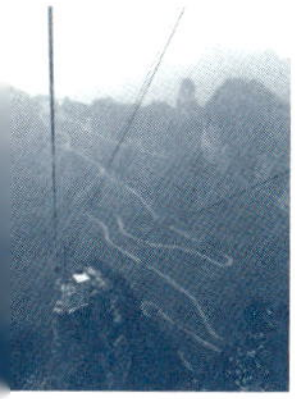

怖くて景色を見るのを忘れてしまいそう(^^;)

絶景への行き方

湖南省、張家界市街地の南駅付近から天門山ロープウェイに乗れる。世界遺産の武陵源張家界風景区ではなく張家界市南側の天門山国家森林公園のほうなので間違わないこと。999段の階段がある天門洞へは、ロープウェイの途中駅で降りる。途中、駅前からの無料バスがあり、天門洞下まで行ってくれる。

いいね！　Martha Nakajimaさん

こんなにスリルのある場所とは知らずに、旅行で行きました！眺めはとにかく綺麗ですし、空気も美味しい！カップルで行くと長続きする、みたいなスポットもあって、オススメですね！さすが選ばれるだけあるなと思います。個人的にはロープウェイを越えた先にある（ちょっと記憶が曖昧ですが…）999段あると言われる階段を上まで登ることをおすすめしたいです(^^)　達成感が半端ないので。帰りはこのくねくねした道をバスで下りましたので、バスを使って上に行く手段もあるのではないでしょうか？

北京観光も楽しめる

たとえばこんな旅

SUPERB TOUR PLAN

1日目　成田 → 北京乗り継ぎ → 張家界泊
2日目　天門山 → 張家界泊
3日目　張家界 → 北京泊
4日目　北京 → 成田着

大きな国はロープウェイもスケールが違う！

いいね！　武井健一さん

凄いです。絶景です。安全面含めスリルもあります。ゴンドラの中で女性添乗員の腰が抜けました。山頂付近の山に貫通穴があり、アクロバット機が通過したそうです。付近の張家界には300m位の垂直断崖露出エレベーターもあります。いち押し！！

おすすめの季節

4月から10月

亜熱帯山原型湿潤気候に属し、年間平均気温は16℃くらいで過ごしやすい。おすすめは4月～10月。7月はよく雨が降るが、雨上がり後は山の中に霧がかかり、幻想的な風景が広がる。冬も観光可能で、雪景色も趣がある。

旅の予算

約8.5万円

飛行機、宿泊費、朝食を含む。

旅の注意点

張家界一の景観とも賞賛されている天門山なのでカメラは必携。高所恐怖症の方は注意。山頂の遊歩道には断崖絶壁から突き出るように歩道が取り付けてあるようなところもある。天門山ロープウェイも全長7455m、山頂駅の標高が1279mで、かなりスリルがある。山頂は張家界市街と気温差が10℃くらいあるので服装には気を付けよう。また、雨の日は足元が滑りやすい。歩きやすいスニーカーを履いて行こう。

ここにも寄りたい

張家界国家森林公園、武陵源もおすすめ。索渓峡自然保護区、天子山自然保護区からなる自然保護区で、世界自然遺産に登録された。独特の石の柱が立ち並ぶ景観の他に、動植物も豊かで、中国第一級保護植物や国家級保護動物が確認されている。

世界遺産の武陵源は壮大で深遠なムード

絶景　34

ブルーモスク

トルコ

イスタンブールにある宗教施設。内装には青いタイルやステンドグラスが施されており、時間によって青い光が降り注ぐ。世界中にあるモスクの中でも“最も美しいモスク”と称されている。正式名称は「スルタンアフメト・モスク」。

絶景 35

なばなの里

三重県

三重県北部、愛知県との県境にあるリゾートパーク。冬には園内にイルミネーションが施され、2012年度は合計700万球のライトが灯された。ライトの数は9年連続で日本1位であり、国内随一のイルミネーションスポットと言える。

ど真ん中に寝転がって、青い天井を見上げたい！

(※もちろん静かに！)

絶景への行き方

イスタンブールへはトルコ航空の直行便で行ける。往路は約12時間20分、復路は約11時間45分。空港からスルタンアフメット駅まではメトロ（地下鉄1号線）で約1時間、スルタンアフメット駅からブルーモスクへは歩いてすぐ。アヤソフィアやトプカプ宮殿も徒歩圏内。

いいね！　岩井 富成さん
仕事でイスタンブール滞在中、お気に入りで2ケタ回は足を運びましたね〜。絨毯の床に座り込んで巨大ドーム屋根とそれを支える4本柱を見上げながら、どうやって造ったんやろ〜と考えながら。

いいね！　増野 菜穂美さん
3年前に行きました！　時間が許すなら、ずっと居たいと思いました！

たとえばこんな旅

SUPERB TOUR PLAN

1日目　成田 → イスタンブール乗り継ぎ
　　　→ カイセリまたはネヴシェヒル → カッパドキア泊
2日目　カッパドキア泊
3日目　カイセリまたはネヴシェヒル → イスタンブール泊
4日目　イスタンブール →
5日目　成田着

いいね！　Sakurai Megumiさん
年末年始に行ってきましたー(^o^)絨毯もチューリップ柄でステキでした。

おすすめの季節

夏

ブルーモスクは季節を問わず1年中観光が可能だが、特に5月から10月の夏季がおすすめ。

旅の予算

約30万円

飛行機代（エコノミー）、現地送迎、カッパドキア洞窟ホテル1泊宿泊費、イスタンブール2泊宿泊費を含む。食事代、燃料サーチャージは含まれない。

旅の注意点

毎週金曜日は、昼の礼拝までに入場を許されるのはイスラム教徒のみ。観光客の入場は、夏時間の期間は約14時以降、それ以外の期間は約13時以降となっている。常時、タンクトップや短パンなど肌を露出した服装での入場は禁じられており、特に女性はスカーフで頭から身体を隠すことが義務付けられている。入口でスカーフを借りることが可能だが、衛生面が気になる人は自分で用意しよう。

ここにも寄りたい

ブルーモスクは、青色を多く用いた柄で有名なイズニックタイルが圧巻なだけでなく、真っ青な空に凛と建つ6本のミナレットを有する外観も息を飲むほど華麗。周辺に多数、レストランやホテルがあるので、時間に余裕があればブルーモスクを眺めながらのテラスでの食事もおすすめ。

さらに8日間あれば、真っ白な石灰棚が広がるパムッカレ、エーゲ海最大規模の古代ローマ遺跡エフェソス遺跡、「木馬」の伝説で有名なトロイ遺跡などを周遊することができる。

モスクを見ながらのテラスの食事は最高

旅の相談はH.I.S.へ

観光地が点在し、移動が多いトルコでは、国内線バスを利用してぐるっと周遊する添乗員付きツアー（インプレッソ）がおすすめ。インプレッソのツアーならどれもブルーモスク観光が可能。また、日本の旅行会社唯一の直営支店がイスタンブールにあり、http://ameblo.jp/his-istanbul/で最新情報をチェックできる。
関東予約センター添乗員ツアー専門ダイヤル（TEL:0570-00-7667　または、03-5326-5175）

絶景 35　なばなの里　三重県

200万個の灯りで作る トンネルを走り抜けたい

絶景への行き方

JR名古屋駅から自動車、またはバスで約40分。もしくは桑名駅（JR・近鉄・養老鉄道）よりバスで約10分。

いいね！　嫁ちゃんさん

いつでも行ける☆彡　本当に凄いからまだ行ったことない人は是非行ってみてください☆ちなみに雨の日は人が少なくていいですし、雨上がりはいつも以上にキラキラしてるので私は雨上がりの遅がけに行くのが好きです♪

いいね！　みぽりんさん

雨の日はもっと良かった！　濡れた地面にも光が反射して一面キラッキラになるよ!!

たとえばこんな旅

SUPERB TOUR PLAN

1日目　東京 → 新幹線で名古屋へ → 名鉄バスでなばなの里へ
　　　→ 名鉄バスで名古屋へ → 名古屋泊

2日目　名古屋観光 → 新幹線で東京へ

きしめん、味噌かつ、天むす、ひつまぶし…。名古屋飯をほおばる！

おすすめの季節

冬

冬がおすすめ。日本最大級の規模を誇る水上イルミネーションや、約200メートルの光のトンネル、光の雲海など、冬は見どころがいっぱい。

旅の予算

約4万円

新幹線・バス代、宿泊費、なばなの里入場料を含む。

旅の注意点

冬季のイルミネーションを楽しむ場合は、暖かい格好が必須。

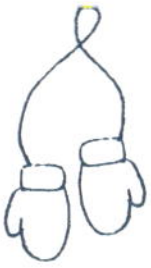

もう1泊して もっと絶景を見る

3日目に伊勢神宮に寄って、神聖なパワーをもらって帰ろう。

ここにも寄りたい

旅程に1泊追加すれば伊勢方面にも立ち寄れる。式年遷宮を迎える外宮・内宮だけでなく、その周辺の夫婦岩・猿田彦神社などを観光するのもおすすめ。

絶景 36

三游洞 絶壁レストラン

中華人民共和国

中国中央部、湖北省にあるレストラン。切り立った崖にある三游洞という洞窟に設けられている。古くは唐代の有名な詩人、白楽天がこの洞窟で詩を読んだことが知られている。崖にせり出したテラスで、絶景と共においしい食事を楽しむことができる。

絶景 37

パーテルスウォルトセ湖

オランダ

北部フローニンゲン州にある湖。冬期になると湖が凍り、その名の通り“氷の道”が形成される。数百万人の参加者が、毎年この10km以上もの長い長いコースを滑るスケートツアーに参加している。

窓の真下には
水墨画のような絶景

絶景への行き方

この気になるレストランは、湖北省西部、長江（揚子江）の北岸に臨む都市・宜昌から約10km離れた西陵峡で本当に営業している。

宜昌駅前の東山大道にあるバス停「移動通信広場」などから10路バスに乗って約30分。三游洞で下車して50mほど歩けば、三游洞風景区の入場チケット売り場がある。

そこでチケットを購入して入場すると、すぐに長江に架かる吊り橋が見える。渡った対岸の絶壁に、目的のレストラン「望江楼」があるので、すぐにわかるはずだ。何が食べられるのかは行ってみないとわからない！

白楽天ら3人の詩人が
訪れて詩を読んだことか
「三游洞」と名付けられ

長江上流はゆったりと
時間が流れている

たとえばこんな旅

SUPERB TOUR PLAN

1日目　成田 → 北京または上海乗り継ぎで宜昌へ
2日目　宜昌 → 三游洞風景区観光 → 宜昌泊
3日目　宜昌 → 北京泊
4日目　北京 → 成田

各都市の
中国料理を
食べ比べ

おすすめの季節

春

宜昌地区は亜熱帯モンスーン湿潤気候に属し、気候が穏やかでとても心地いい。年平均気温は約17℃。観光に最適な季節は春だ。まるで水墨画の中のような風景を眺めながら、食事を楽しむことができる。

旅の予算

約9万円

飛行機、宿泊、朝食を含む。

旅の注意点

バス停を降りると客引きの人達がいるので注意。文字通り絶壁なので、高所恐怖症の人は覚悟して！　また、吊り橋や崖に面した桟道など、物を落としたら二度と戻ってこないような場所がたくさんあるので、財布はもちろん、カメラなどの貴重品はリュックに入れるか首からぶら下げること。

ここにも寄りたい

ついでに観光するなら三峡ダムがおすすめ。長江中流域の風光明媚な三峡地域に建設中の世界最大級のダム。重慶市との境にあたる湖北省宜昌市の三斗坪に完成する予定である。

どんどん新しくなる
長江流域からも
目が離せない

長江流域は、工業都市、商業都市がたくさんあり、現在も発展している。

つかまる場所はなし！
猛特訓してから行こう

絶景への行き方

オランダの首都アムステルダムから鉄道でフローニンゲンへ行くルートが一般的。成田からアムステルダムへは、唯一の直行便KLMオランダ航空を利用して約12時間。アムステルダムのスキポール空港からフローニンゲンまで2時間10分。アムステルダム中央駅からでも同じような料金、時間なので、アムステルダムから日帰りでパーテルスウォルトセ湖を見に行くことも可能。オランダは鉄道網が充実しており、鉄道の旅も快適に楽しめる。パーテルスウォルトセ湖はフローニンゲン中心部から8㎞のところにある。タクシーもしくは市バスで容易にアクセス可能だ。

運河クルーズも楽しめる

往年の繁栄が感じられる美しい古都

たとえばこんな旅

SUPERB TOUR PLAN

1日目　成田 → アムステルダム泊
2日目　アムステルダム → 列車でフローニンゲンへ
　→ パーテルスウォルトセ湖 → フローニンゲン
　→ 列車でアムステルダムへ
3日目　運河クルーズで国立美術館・ゴッホ美術館へ
　→ ユトレヒトか市内を観光 → アムステルダム泊
4日目　アムステルダム →
5日目　成田着

おすすめの季節

冬

湖が凍り、「氷の道」ができてスケートが楽しめるのは冬。例年2月上旬にはスケート大会も開催されるので、この時期に訪れるのが確実。緯度が高いため冬季は日没も早くて寒いが、列車内や室内は暖房が効いて快適。

旅の予算

約18万円

飛行機、燃油サーチャージ、出入国税、宿泊、鉄道（2等・座席指定）を含む。

旅の注意点

湖で「氷の道」を体験する際は、街歩き用の防寒具に加えて手袋、帽子を忘れずに。風をさえぎるジャンパータイプがベスト。また、靴は歩きやすいものを履いていこう。オランダでは、室内の暖房が効いているので、脱ぎ着して調節できる服装で！ヨーロッパの大都市はどこもそうだが、中央駅やトラムの中はスリ被害に遭いやすい。移動の際は貴重品に気を付けよう。アムステルダムから日帰りで湖に訪れる場合は、口が閉まるタイプのショルダーバックか軽量コンパクトなリュックなどがあると便利。

ここにも寄りたい

陸続きのヨーロッパならではのおすすめが、鉄道旅行である。国境を越えてベルギーの首都ブリュッセルまで、アムステルダムから高速鉄道TGVに乗れば2時間弱で行ける。さらにあと1日あれば、アムステルダムを拠点に日帰り観光も十分に楽しむことができるだろう。

オランダ国内もアムステルダムを拠点に鉄道を利用して、いろんなところへ出かけてみよう。冬季のオランダ国内であれば、あらかじめ日本から予約していかなくても、当日にアムステルダム中央駅で乗車券を購入しても間に合う。

クラシックな風景に興味があれば、アムステルダム郊外のザーンセスカンスで、風車と木靴工房やチーズ工房を見学するオプショナルツアーもある。自分の好みに応じて計画を立ててみよう。

LAGO TITIKAKA
900 m

EGYPT
مصر
216
GME

INCA KOLA

Hostal
520

MONEY
EXCHANGE
DOLARES
SOLES
PESOS ARGENTIN
FOTOCOPIAS
COPY
PHOTOCOPY
TOILET

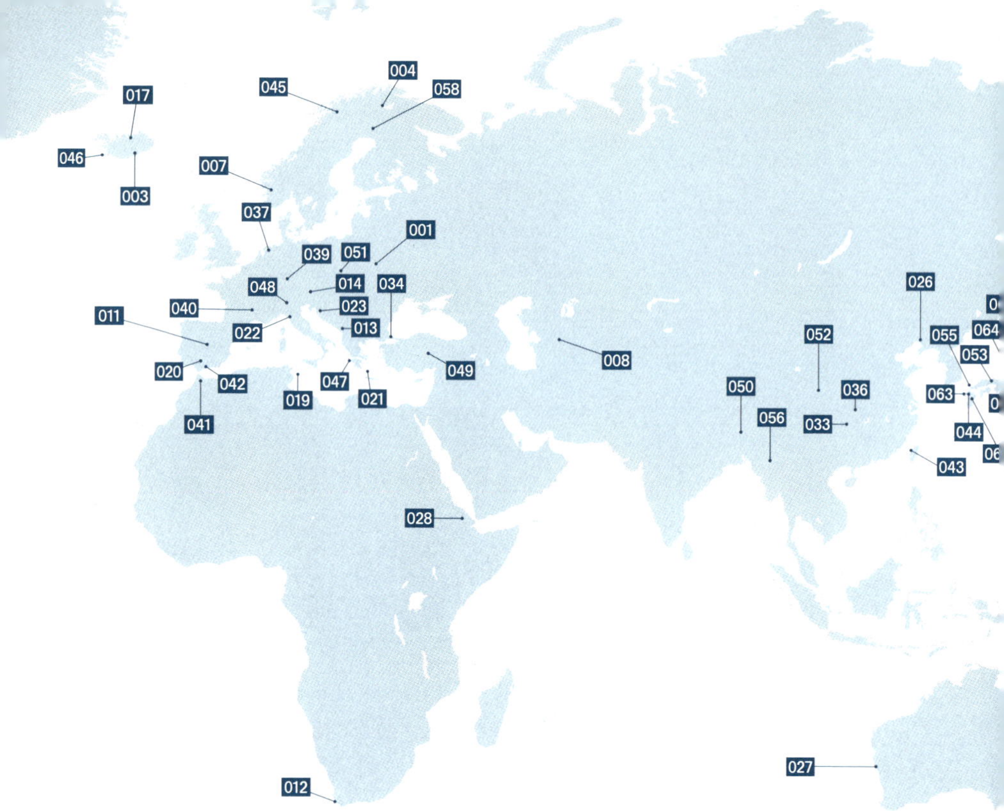

死ぬまでに行きたい！
世界の絶景 MAP

ヨーロッパ

- 007 トロルの舌（ノルウェー） p21
- 004 カクシラウッタネン（フィンランド） p16
- 058 サンタクロース村（フィンランド） p141
- 045 アイスホテル（スウェーデン） p112

- 017 ゴーザフォス（アイスランド） p44
- 003 スカフタフェットル国立公園（アイスランド） p13
- 046 ブルーラグーン（アイスランド） p113

- 037 パーテルスウォルトセ湖（オランダ） p89
- 048 ラントヴァッサー橋（スイス） p120
- 039 ニュルンベルクのクリスマスマーケット（ドイツ） p100
- 014 ハルシュタット（オーストリア） p37

- 023 プリトヴィツェ湖群国立公園（クロアチア） p60
- 001 クレヴァニ　恋のトンネル（ウクライナ） p8
- 051 モラヴィア（チェコ） p125

- 022 リオマッジョーレ（イタリア） p57
- 019 ランペドゥーザ島（イタリア） p54
- 020 アンダルシア郊外のひまわり畑（スペイン） p55
- 042 フリヒリアナ（スペイン） p105
- 011 トレド（スペイン） p32
- 040 サンミッシェルデギレ礼拝堂（フランス） p101

- 013 コトル湾（モンテネグロ） p36
- 047 ナヴァイオビーチ（ギリシャ） p116
- 021 サントリーニ島（ギリシャ） p56

中東

- 034 ブルーモスク（トルコ） p84
- 049 カッパドキア（トルコ） p121
- 008 ダルヴァザ　地獄の門（トルクメニスタン） p24

アフリカ

- 041 シャウエン（モロッコ） p104
- 028 ダナキル砂漠（エチオピア） p69
- 012 シグナルヒル（南アフリカ共和国） p33

アジア

- 043 ランタンフェスティバル（台湾） p108
- 056 パゴダ（ミャンマー） p136

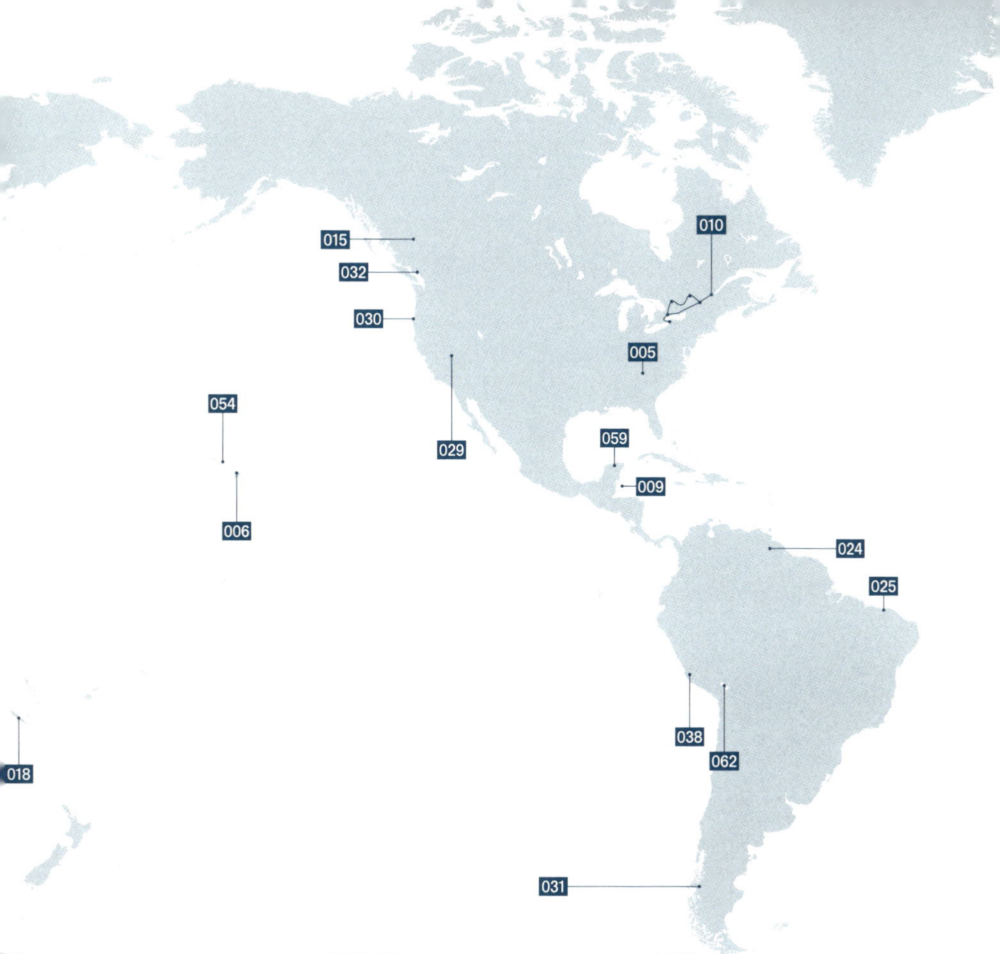

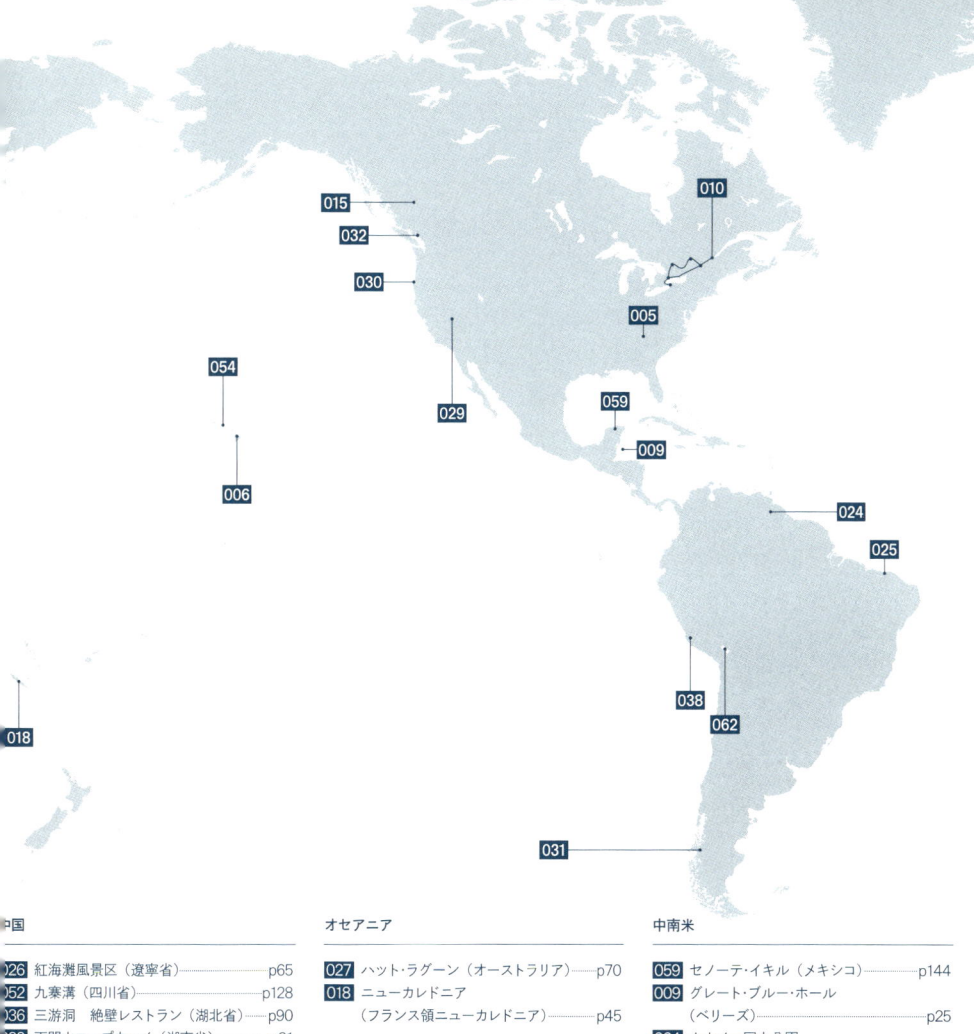

中国

026 紅海灘風景区（遼寧省）……p65
052 九寨溝（四川省）……p128
036 三游洞　絶壁レストラン（湖北省）……p90
033 天門山ロープウェイ（湖南省）……p81
050 ヤムドゥク湖（チベット自治区）……p124

日本

016 雲海テラス（北海道）……p43
061 湯西川温泉（栃木県）……p148
002 国営ひたち海浜公園（茨城県）……p12
064 富士山（静岡県・山梨県）……p155
035 なばなの里（三重県）……p85
053 竹田城跡（兵庫県）……p129
055 角島（山口県）……p133
063 玄海町（佐賀県）……p152
044 河内藤園（福岡県）……p109
060 真名井の滝（宮崎県）……p145

オセアニア

027 ハット・ラグーン（オーストラリア）……p70
018 ニューカレドニア（フランス領ニューカレドニア）……p45

北米

015 スピリットアイランド（カナダ）……p40
032 キャピラノ渓谷吊り橋（カナダ）……p80
010 メープル街道（カナダ）……p28
030 バンドン（アメリカ）……p76
029 モノ湖（アメリカ）……p72
005 グレート・スモーキー山脈国立公園（アメリカ）……p17

006 マウナケア（アメリカ、ハワイ）……p20
054 モンキーポッド（アメリカ、ハワイ諸島）……p132

中南米

059 セノーテ・イキル（メキシコ）……p144
009 グレート・ブルー・ホール（ベリーズ）……p25
024 カナイマ国立公園（ベネズエラ）……p61
025 レンソイス・マラニャンセス国立公園（ブラジル）……p64
038 ワカチナ（ペルー）……p96
062 チチカカ湖（ペルー・ボリビア）……p149
031 マーブル・カテドラル（アルゼンチン・チリ 通称パタゴニア）……p77

南極

057 南極大陸のオーロラ（南極）……p140

絶景 38

ワカチナ

ペルー

97

ペルー南西部、砂漠内の小さな湖を囲む村。この地の姫が水浴び中に姿を覗かれたため、水たまりを湖に変え人魚となって隠れたという人魚伝説が残っている。湖水を生活用水として利用していることにより、湖はいずれ消滅すると言われている。

砂漠に突如現れるオアシス まるでハリウッド映画！

絶景への行き方

ワカチナへ行くには、まずペルーのリマからイカまで高速バスで移動。ノンストップで約4時間かかる。この高速バスは運行会社が2つあるのでタイミングがいい方を選ぼう。イカからワカチナまでは車で約15分で到着。物価が安いので、体力温存のために、路線バスではなくタクシーをおすすめする。

首都リマは現代的な都市

たとえばこんな旅

SUPERB TOUR PLAN

1日目　成田 → アトランタ乗り継ぎ → リマ泊
2日目　リマ → 高速バスでイカへ → タクシーでワカチナへ
3日目　ワカチナ → イカ → リマ泊
4日目　リマ → アトランタ乗り継ぎ →
5日目　成田着

物価が安いのでタクシーを活用しよう

いいね！　さららさん
あっここ、行きました〜！季節によってグリーンの濃さが変わったり、何か人気のフルーツがあって、みんなで楽しく採りにいくとか、いろんなお話教えていただきました！サンドバギーで上まで近づけるから楽しいですね！

いいね！　いまさきあやこさん
ここでサンドボードしました！オアシスもめちゃくちゃ綺麗やった！

おすすめの季節

夏

ベストシーズンは夏の7月〜9月。あまり雨は降らない砂漠地帯である。

旅の予算

約22万円

飛行機、出入国税、宿泊、バスを含む（8月出発する例）。

旅の注意点

夜と朝の寒暖の差が激しいため、上に羽織るものを持っていこう。

ここにも寄りたい

ワカチナまで行ったら、やはりナスカまで移動し、地上絵を見ておきたい！また、日程に余裕があるようならば、ぜひクスコまで足を伸ばそう。そこで待つのは天空都市マチュピチュ！せっかく南米に行くのであれば見ない手はない。

クスコ、マチュピチュナスカは外せない

旅の相談はH.I.S.へ

ワカチナに行きたい場合も、業界最大級の品揃えの中からニーズに最適な航空券（飛行機チケット）がきっと見つかるはず。
オンラインなら24時間空席照会・予約が可能。
トラベルワンダーランド新宿本社　海外自由旅行専門店（TEL:03-5360-4891）

わたしが行った
世界の絶景
④

ギザのピラミッド

text: 詩歩

わたしは「歴女」です。
昔から歴史が好きで、小学生の頃から古代の歴史の本を読むほどの歴史好きでした。
自分の生きた時間の何千倍もの時間を超えて、自分と同じ人間が生きていたという事実を知るのがとにかく楽しく、想像するだけで幼い心がドキドキしたものでした。

そんなわたしのドキドキをいちばんかき立てていたのが、エジプトです。

そのエジプトには、20歳の夏にとあるボランティアツアーを利用していきました。

さすが砂漠の国。
空港を降りた瞬間、一気に喉がやられてしまうかと思ったほどの砂埃が、挨拶と言わんばかりにわたしたちを出迎えてくれました。
まさかこの砂埃が諸悪の根源になるとは気づかず…

まず向かったのはメインであるキザの三大ピラミッド。数10キロも先からその姿を見ることができ、近づくにつれどんどんと大きくなっていきました。

入り口で入場料を払い、みんなで競争してピラミッドに向かって全速力で駆けていきます。
息を切らしながら、やっとたどり着いたピラミッドの頂点を見上げると、数分前までは見えていた頂点が見えない。
尖っているはずの頂点は、下から見上げると岩の水平線かのように一直線にしか見えませんでした。
それはまるで天国まで続いている、終わりが見えない階段のように見えました。

ピラミッドの大きさに圧倒されたあと、我に返って岩と背比べをしました。遠くから見ると小さかった岩も、近づくと身長155㎝のわたしとほぼ同じ高さ。
ひとつ1トンの巨大岩が合計120万個…。

古代の王が何を思ってこれを作り、何人が犠牲になり、
未だに解明されていないピラミッド内部には、何が隠されているのだろうか。そしてまさにその謎の地に今わたしがいる！
自分が歩いてきた道も、古代の人々の汗が染み込んでいるかと思うと、感慨深いものがありました。

しかし古代の謎に感動したのも束の間、ちっぽけなわたしはエジプトのパワーにやられてしまいました。
砂漠ではしゃぎすぎて砂漠の砂埃に喉をやられ、発熱してしまったのです。

地中海クルーズもモハメドアリ・モスクもすべてマスク着用で参加。マスクをしない現地人＆観光客に笑われながらの後半戦となってしまいました…。

歴女・詩歩、エジプトリベンジをここに誓います！

砂埃に気を付けて、うがいをするのがおすすめ！また、ピラミッド内に入りたい人は、中に入れないツアーもあるので、確認してから申し込もう！

スフィンクスは意外と小さく、
ちょっとがっかりスポット…!?

絶景　39

ニュルンベルクの
クリスマスマーケット

ドイツ

クリスマスの準備時期にヨーロッパ各地で行われる冬の風物詩。観光客から人気があるマーケットはドイツに集中しており、ニュルンベルクは“世界一有名”と言われている。広場には多くの出店が並び、色とりどりのイルミネーションが輝く。

絶景 40

サンミッシェルデギレ礼拝堂

フランス

フランス中南部の都市ルピュイにある礼拝堂。高さ82メートルの岩山の頂に建ち、市街を一望することができる。市内には同じような岩山がもうひとつあり、まるで対になるように巨大な聖母マリアの像がそびえ立っている。

絶景 39　ニュルンベルクのクリスマスマーケット　ドイツ

ドキドキクリスマスを迎えたい❤

絶景への行き方

ニュルンベルクはミュンヘンとフランクフルトの中間にあるので、飛行機もしくは近郊から列車や車で行ける。飛行機の場合、日本からの直行便はなく、主要都市で乗り継いで約14～15時間。日本からフランクフルトやミュンヘンへ行き、そこからICE特急でニュルンベルクに入る場合は、ミュンヘンから約1時間、フランクフルトから約2時間。

グリューワインのカップをお土産にクリスマス

いいね！　小沢しをんさん
去年行ったなぁ！ 行く方はグリューワイン呑んでくださいっ!!!

本場のクリスマスを見てみたい！

たとえばこんな旅

SUPERB TOUR PLAN

1日目　成田 → 直行または欧州内乗り継ぎ→ ミュンヘン泊
2日目　ミュンヘン → ICE特急列車でニュルンベルク
　　　→ 市内・クリスマスマーケット観光 → ニュルンベルク泊
3日目　ニュルンベルク → ICE特急列車でミュンヘン
　　　→ 市内観光 → ミュンヘン泊
4日目　ミュンヘン → 直行または欧州内乗継 →
5日目　成田着

おすすめの季節

11月末から12月末

17世紀からの伝統と格式があり、世界的にも有名なこのマーケット。クラシカルな街が美しいイルミネーションで最も輝く11月末～12月末までのクリスマスシーズンがおすすめ。

旅の予算

約20万円

飛行機、ICE特急列車（2等）、宿泊を含む。食事、燃油サーチャージは含まない（11月下旬料金一例）。

旅の注意点

クリスマスマーケットの時期は気温が氷点下になることも多いうえ、幻想的なイルミネーションの輝きが増すのは日没後なので、コートやマフラー、手袋などの防寒対策は必須。とはいえ1日の気温差が大きく、室内は暖房が効いているので、脱ぎ着しやすく調節できる服装がいい。また、この時期の広場は一日中多くの人で連日大にぎわい。貴重品の盗難に要注意！

ここにも寄りたい

ニュルンベルクの中央広場にはクリスマスクッキーや、名物のニュルンベルガーソーセージの屋台などが並び、人々でにぎわう。お土産にグリューワインというホットワインのカップを持ち帰ってはいかが？

また、ドイツに行くなら足を運びたいのが、ロマンティック街道とそのクライマックスを飾るノイシュバンシュタイン城。

「中世の宝石箱」と称えられるローテンブルクは、ロマンティック街道の中で最も中世の街並がそのまま残っている場所と言われ、まさに本物のドイツを感じることができる。

ルートヴィヒ2世が生涯をかけて建てたノイシュバンシュタイン城は、豪華な内装で彩られた“王座の間”、オペラ「パルジファル」がモチーフとなっている壁画のある“歌人の間”などが見どころ。

旅の相談はH.I.S.へ

クリスマスマーケットはドイツやフランスの各地で開催される。複数箇所を効率よく巡りたい場合は、添乗員同行ツアーがおすすめ。世界最大のシュトゥットガルト、世界最古のドレスデン、街全体がイルミネーションで輝くハイデルベルクなど、都市によって異なるマーケットを安心して楽しめるよう添乗員がサポート！クリスマスシーズン以外でも、ツアーならではの周遊でドイツを満喫してみよう。
関東予約センター添乗員ツアー専門ダイヤル（TEL:0570-00-7667　または、03-5326-5175）

長い階段を上って 悠久の歴史を体感

絶景への行き方

日本からは飛行機でパリを経由してリヨンに入り、そこから鉄道で行くのが一番便利。リヨンからルピュイまで約2時間半。パリから高速鉄道TGVを利用し、サンティティエンヌ乗り換えで行く方法もある（約4時間半）。せっかくフランスの中南部まで旅するので、パリもしくは南仏も訪れる旅程がおすすめ。リヨンに宿泊して日帰りでルピュイを観光するか、ルピュイで宿泊するか、好みで計画しよう。

いいね！　Tsutomu Shimotsusaさん

去年行きました。ここ、反対側に階段があって上まで登れますよ。ルピュイの大聖堂もこの礼拝堂もマリア像も、とにかくすべてが感動します。

絶景のついでに パリとリヨンも！

たとえば こんな旅

SUPERB TOUR PLAN

1日目　成田または羽田 → パリ乗り継ぎ → リヨン泊
2日目　リヨン → 鉄道でルピュイへ
　　　→ サンミッシェルデギレ礼拝堂観光 → 鉄道でリヨンへ
3日目　リヨン市内観光 → TGVでパリへ
4日目　パリ →
5日目　成田または羽田着

おすすめの季節

夏は特ににぎわうが、一年中観光できる。ただし礼拝堂には階段で上るので（268段、所要時間約10分）、積雪のある時期は避けよう。ノートルダム大聖堂、巨大な聖母子像が建つコルネイユ岩山、11世紀のロマネスク様式の回廊などがある、ルピュイの落ち着いた空気を味わうには、11月～12月の旅もいい。その時期は航空券代金もベストシーズンの約半額で探せる。

旅の予算

約22万円

飛行機、出入国税、宿泊（3つ星ホテル）、現地交通機関（座席予約込み）、燃油サーチャージを含む（8月26日出発3泊5日の例）。

旅の注意点

鉄道を利用するにあたってフランスヴァカンスパスを日本で事前購入するか、現地で乗車券を購入するか決めておこう。ヴァカンス期やクリスマスホリデー時期に旅する場合は、短時間で効率よく旅するために、割高でもリヨン-パリ間のTGVの事前予約は日本ですませておいたほうがいい（オンラインで購入可能）。また、真夏であっても教会へは中で浮かない格好で訪問しよう。

ここにも寄りたい

ルピュイはサンチアゴ・デ・コンポステーラ巡礼路のフランス側「ルピュイの道」始発地点。日程にゆとりがあればミディ・ピレネー方面へ歩いてみるのも面白い。ただし終着地点のサンチアゴの聖堂まで1522㎞、65日かかると言われているので入念な下調べと装備が必要。

あと1日追加できるなら、パリ滞在の延長かリヨン滞在の延長か悩みどころ。フランスは日曜は店が閉まるのでショッピングしたい人は要チェック。また月曜日はオルセー美術館などの閉館日なので、目当ての美術館の営業時間も確認しよう。

リヨン滞在を伸ばす場合、リヨンから日帰りで行けるアヴィニョン、アルルなど南仏の街めぐりがおすすめ。リヨン-アヴィニョン間はTGVで約1時間、30ユーロ～なので十分に観光を楽しめる。

絶景 41

シャウエン

モロッコ

スペインとの国境にある旧市街地。ユダヤ教徒がこの地を征服する際にユダヤカラーである青で街を塗り尽くしたことから、街中が青一色になったとされる。扉や鉢植えまでもが青く統一されており、おとぎ話の世界に迷い込んだような錯覚に陥る。

絶景 42

フリヒリアナ

スペイン

スペイン南部、アンダルシア地方の小さな村。街全体が真っ白な壁で統一されており、“スペインで一番美しい村”に選ばれたこともあるほど。突き抜けるような青空と白壁のコントラストが美しい。

絶景 41　シャウエン　モロッコ

いっそのこと青い服を着て
街に溶けこんでしまいたい

ドバイを経由して
カサブランカへ！

絶景への行き方

　まずはモロッコの空の玄関口であるカサブランカを目指す。おすすめはエミレーツ航空を利用した中東の都市ドバイからの乗り継ぎで、ドバイ-カサブランカ間は毎日就航されるので安心だ。カサブランカからはモロッコ航空に乗り換えてタンジェへ。カサブランカ-タンジェ間は、深夜便は毎日就航、曜日によっては昼過ぎのフライトもある。タンジェからモロッコ国営バス・CTMに乗り、約3～4時間で青い街シャウエンへ到着する。

いいね！　KYOKOさん
こないだ行きました。いいですよ～シャウエン。ちょっとバスで何時間かかかりますが、不思議な街です。

いいね！　石下 佳奈子さん
3月に行ってきました。まだ白い壁もあり、職人さんが次々と青く塗っていました。地元の方にきくと、青の理由は諸説あるようですね。

たとえばこんな旅

SUPERB TOUR PLAN

1日目　成田 → ドバイ乗り継ぎ → カサブランカへ
　　　　※エミレーツ航空を利用すれば夜に出発も可
2日目　カサブランカ → モロッコ航空の深夜便でタンジェへ
3日目　タンジェ → モロッコ国営バスでシャウエンへ
4日目　シャウエン → モロッコ国営バスでタンジェへ
5日目　タンジェ → カサブランカ → ドバイ乗り継ぎ →
6日目　成田着

おすすめの季節

春か秋

春（3～5月）または秋（9～11月）がおすすめ。アフリカ＝暑いと思いがちだがモロッコには四季があり、寒暖差は日本よりも大きく、春は新緑、秋は紅葉が楽しめる。

旅の予算

約23万円

飛行機、現地交通機関、空港税、宿泊、燃油サーチャージを含む。

旅の注意点

モロッコでは日中と朝夜の寒暖差が激しい。どちらにも対応できるよう上着は必携。シャウエンは山間部にあるので朝晩は特に冷え込む。薄手の生地ではなく、ウィンドブレーカーやフリースの上着がベター。特にウィンドブレーカーは少量の雨が降った際に、雨具の代わりとして活躍する。

南方産の真珠と称される
マラケシュも訪れたい

ここにも寄りたい

　モロッコに行くならばカサブランカにも立ち寄りたい。カサブランカは金融・商業の中心地でモロッコ最大の近代都市だが、ハッサン2世モスクやメディナ（旧市街）も見どころ。さらに時間があればカサブランカから鉄道で約3時間半のマラケシュにも足を伸ばしたい（寝台列車もある）。マラケシュに行くなら、毎日が縁日のようににぎわうメディナは必見だ。また、アフリカ大陸に行ったついでに、らくだに乗って砂漠を闊歩し、朝焼けが鑑賞できるツアーに参加するのもおすすめ。

文化と交易の中心地として歴史のあるマラケシュは現在も活気がすごい。

絵葉書のように美しい街を
カメラ片手に散歩したいな！

いいね！　風小路 純さん
5月に行きました。グラナダからバスで1時間半くらい、そこからタクシーで10分。観光客は多かったけど、街の奥まで歩くとこの写真みたいにひっそりして綺麗でした。花の季節だったので、色とりどりの花が見事でした。

いいね！　匿名希望さん
何年か前に行きました。“路地スト”にはたまんない。坂の上にあるバルもおすすめ。また行きたい。

絶景への行き方

まずスペイン南部のマラガを目指そう。おすすめはエールフランスでパリから行くルート。らくらく1回の乗り継ぎ、かつパリ-マラガ間は1日3便毎日就航中なので安心だ。マラガからは約1時間バスに乗ってネルハへ。さらにフリヒリアナ行きのバスに乗って約20分後にスペイン一美しい村に到着する。

マラガも
美しい港町

たとえば こんな旅

SUPERB TOUR PLAN

1日目　成田 → パリ乗り継ぎ → マラガ泊
（成田夜発のエールフランス航空だとマラガに昼過ぎに到着）
2日目　バスでネルハ → バスを乗り継いでフリヒリアナへ
3日目　フリヒリアナ → ネルハ → マラガ → パリ泊
4日目　パリ →
5日目　成田着

おすすめの季節

春から初夏

アンダルシア地方の沿岸は1年中温暖な地中海性気候だが、おすすめは青空と白壁のコントラストが美しい春から夏。ただし真夏は40度を超えることもあるので春から初夏に行こう（湿気がないので過ごしやすい）。

旅の予算

約28万円

飛行機、現地交通機関、空港税、宿泊、燃油サーチャージを含む。

旅の注意点

フリヒリアナは家の壁が真っ白で、日差しが照り返すので、サングラスと日焼け止めは必携。日も長いので午前中から予定を詰め込んで行動しても、午後にはバテてしまうので要注意。日差しの強い午後にホテルに戻ってシエスタ（お昼寝）して夕方に目覚めてもまだまだ明るい。また、フリヒリアナは坂が多いのでヒールの高い靴は避けたほうがいい。

ここにも寄りたい

あと2～3日追加して、ぐるっとアンダルシア地方を周遊するのもおすすめ。世界遺産のアルハンブラ宮殿があるグラナダ、イスラム文化が色濃く残るコルドバのメスキータ、オペラ「カルメン」の舞台でもあるアンダルシアの州都セビーリャなど見どころはたくさん。各都市の移動には電車が利用できるが、レンタカーを借りてのんびり巡るのもいい。また、アンダルシアパスでの移動も便利。時間がさらに許せばセビーリャから高速列車アベに乗ってマドリッドへも足を伸ばせる。

アルハンブラ宮殿も
電車ですぐ行ける！

フリヒリアナの北にアルハンブラ宮殿がある。せっかくなので立ち寄りたい。

絶景 43

ランタンフェスティバル

台湾

台湾の旧正月に開催されるお祭り。日本では2月下旬～3月上旬にあたる。さまざまな形をした巨大なランタンや市民が願い事を書いた数百個のランタンが夜空を彩る。“世界第2の祭典”と呼ばれることもあり、期間中は世界各国から観光客が訪れる。

09　絶景 44

河内藤園

福岡県

北九州市にある、1977年に開園した私営の藤園。20種類以上もの藤の花が咲き誇り、1000坪の大藤棚を中心に、幻想的な紫色の藤トンネルやドームを観賞することができる。見頃は4月下旬から5月中旬。

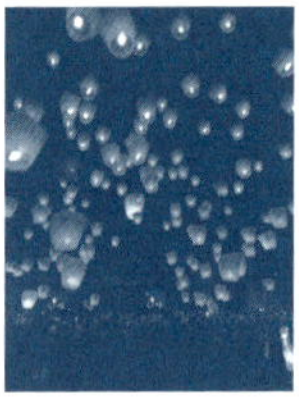

ランタンに願いをこめて天に向かって掲げたい

台北の夜市散策がおすすめ

絶景への行き方

開催地は台湾内で毎年変更される。ちなみに2014年は南投県南投市中興新村で開催。会場まで行くには、台北西駅から國光客運のバスに乗り中興駅で下車し、徒歩約3分で到着する。全部でだいたい約3時間30分かかる。

いいね！　Shoko Kurebayashiさん

2012年は十分（台湾新北市平渓区の地名）で、偶然遭遇しました。　綺麗でした(^.^)　ラプンツェルって思いました。皆様、そう思われるんですね

中国茶、排骨飯、愛玉など台湾名物も美味

たとえばこんな旅

SUPERB TOUR PLAN

1日目　成田または羽田 → 桃園空港または松山空港 → 台北泊
2日目　ランタンフェスティバル観光 → 台北泊
3日目　台北泊
4日目　桃園空港または松山空港 →
成田または羽田着

沖縄と同じ亜熱帯気候で過ごしやすい

おすすめの季節

2月

旧暦の正月から数えて15日目を元宵節といい、元宵節当日から約2週間ほどランタンフェスティバルが行われる。毎年どこで開催されても、だいたい2月中に行われている。

旅の予算

約5万円

台北4日間滞在の場合。飛行機、空港混乗送迎、宿泊、燃油サーチャージを含む。

旅の注意点

南投県は亜熱帯気候に属しており年中温暖な地域だが、山岳地帯に面しているため、朝晩は冷え込みが激しい。また、暖房が装備されていないホテルもあるので、防寒着を持参しよう。

ここにも寄りたい

中興新村から約30分バスに乗って草屯へ。草屯からさらに埔里行きのバスに乗り替えて約50分。埔里からまた日月潭行きのバスに約50分に乗る。

日月潭は台湾を代表するレイクリゾートで暗緑色の淡水湖。特に朝霧に煙る光景は必見。

台湾の真ん中にある人気の日月潭

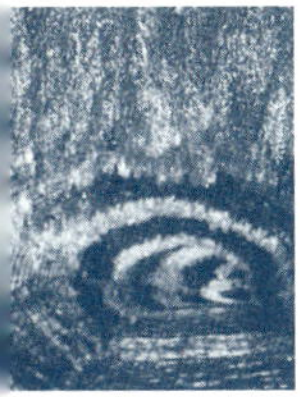

紫のトンネルをくぐったら優しい気持ちになれそう

絶景への行き方

藤園は福岡空港と北九州空港のちょうど中間地点にある。車で行く場合は、福岡空港から約70分、北九州空港から約50分で到着。200台ほど収容できる駐車場もある。

電車もしくはバスで行く場合は、JR八幡駅前から西鉄バス田代行きに乗り、河内小学校前で下車して徒歩15分。

門司港のレトロな街並は散策にぴったり

屋台でラーメン食べたい！

空から降ってくる紫の世界！

たとえばこんな旅

SUPERB TOUR PLAN

1日目　羽田 → 北九州空港 → 門司港・関門海峡見学 → 門司港泊

2日目　門司港 → 河内藤園・太宰府天満宮 → 福岡中洲屋台 → 福岡泊

3日目　福岡 → 柳川・城下町散策 → 熊本城 → 熊本空港 → 羽田着

堅牢な熊本城も観光するプランはいかが？

おすすめの季節

春

藤の一番の見頃は、4月下旬から5月中旬で、開花時期には22種類の藤の花が咲き乱れる。中でもオススメの見どころは、花下面積1850坪にもなる藤棚と、藤の花に覆われたトンネル。大藤棚の幹の太さは圧巻！

旅の予算

約5万円

飛行機、レンタカー、宿泊（2人部屋利用時の大人1人分料金）、食事（2泊4食）、諸税を含む。

旅の注意点

広大な敷地内では、藤の花を眺めながら、持参した食事をとる観光客が多い。お弁当やビニールシートを持っていくのがおすすめ。また、藤の花トンネルなどの地面は、石などを使って趣を出しているので、ヒールの靴は避けたほうが歩きやすい。

藤の下でお弁当！

ここにも寄りたい

太宰府天満宮と柳川城下町は1年を通して観光客でにぎわう人気の観光地。食べ歩きができるのも楽しみのひとつ。

太宰府天満宮近くの「竈門神社」はリニューアルされ、珍しいデザイナーズ神社として生まれ変わり、注目を集めている。

美景と食べ歩きが楽しめる！

絶景　45

アイスホテル

スウェーデン

スウェーデン北部にある世界最大のアイスホテル。氷の彫刻で飾られた「アートスイート」ルームは、毎年、各部屋を名立たるデザイナーがデザイン。室内の温度は約-5℃に保たれ、就寝時は寝袋を使う。アートスイートの宿泊費は2人部屋で1泊5万円程度。

絶景 46

ブルーラグーン

アイスランド

アイスランド南西部に位置する、世界最大の露天風呂。約5000㎡もの面積がある。地熱発電所の熱を利用しており、水着を着用して入浴する。青白い温泉水には皮膚病の治癒効果があると言われている。

絶景 45　アイスホテル　スウェーデン

こんな部屋に泊まれたら眠るのがもったいない！

絶景への行き方

スウェーデンのキールナのバス停から郊外のユッカスヤルビへ、501系統のバスで約30分。片道の運賃が36スウェーデンクローナ（2013年3月の情報）。ユッカスヤルビのバス停はアイスホテルの右前にある。バスの運行は、平日は朝6時･午前･午後･夕方の1日4本程度。週末は午前10時半と午後14時半のみに変わるので要注意。

いいね！　鈴木秀一さん

新婚旅行で泊まりましたが、ホント最高でしたよ。部屋も毎年さまざまなデザインの氷の彫刻で変わるそうで、訪れる人々を魅了してくれるのも人気のひとつでしょう。専用の寝袋は寒さを感じませんでしたし、ICE BARも素敵でした。朝方、スタッフが部屋まで持って来てくれるホットクランベリージュースがとても美味しかったです。

たとえばこんな旅

SUPERB TOUR PLAN

1日目　成田 → コペンハーゲン乗り継ぎ → キールナ泊

2〜3日目　キールナ → バスでユッカスヤルビへ → アイスホテル見学（日帰りも宿泊も可）

4日目　キールナ → コペンハーゲン乗り継ぎ →

5日目　成田着

おすすめの季節

冬から春

自然にできる川の氷を切り出してホテルを毎年作るので、オープンは12月上旬（天候により遅れることもある）から4月上旬の季節限定。

旅の予算

約15万円

飛行機、現地交通機関、宿泊、朝食、燃油サーチャージを含む。

旅の注意点

宿泊者以外にも日帰りの見学でにぎわう。数あるアートスイートルームは世界各国のアーティストがそれぞれデザインするので部屋ごとに異なる。

ここにも寄りたい

キールナからヨーロッパ最北のノールランストーグ鉄道でビヨルクリーデンへ行けば、NASAが認めたオーロラ観測所「アービスコオーロラステーション」で360度パノラマのオーロラが観測できる。もしくは飛行機の乗り継ぎ地コペンハーゲンに立ち寄って人気の北欧雑貨ショップ「TIGER」でのショッピングなどもおすすめ。

本場で北欧雑貨ショッピング

旅の相談はH.I.S.へ

トラベルワンダーランド新宿本社ヨーロッパセクション（TEL:03-5360-4881）なら航空券のみの自由旅行の組み合わせからパッケージツアーまでプランにあわせたご案内が可能。オーロラ鑑賞との組み合わせも人気でおすすめ。

絶景 46　ブルーラグーン　アイスランド

広い温泉に入ると無性に泳ぎたくなるのは私だけ…？

絶景への行き方

レイキャヴィーク市内から車で45分、ケプラヴィーク空港から車で約15分。空港から市内に向かうバスで経由しても行けるが、市内から行く場合は主要ホテル出発のシャトルバスで行くオプショナルツアーや、空港行きのバスで経由して立ち寄ることが可能。

いいね！　Murakami Ioriさん
昨年行きました！天然パックしながらの風呂は最高ですよー！夜は町のホテルの部屋からオーロラも見えます！　アイスランド大お勧めです♡

いいね！　NTさん
空が広くて気持ちよかったです。お土産のスキンケアがとても良いです。

寄り道したい絶景 ゴールデンサークル

たとえばこんな旅

SUPERB TOUR PLAN

1日目	成田 → コペンハーゲン乗り継ぎ → ケプラヴィーク → レイキャヴィーク泊
2〜4日目	自由行動（シャトルバスでブルーラグーン入浴、定期観光バスによるゴールデンサークル観光などが楽しめる） → レイキャヴィーク泊
5日目	エアポートバスでケプラヴィークへ → コペンハーゲン乗り継ぎ →
6日目	成田着

おすすめの季節

冬

ブルーラグーン周辺は溶岩が流れた景色が広がる。夏は鬼押出しのような奇岩が広がり、火星にいるような気分を味わえる。冬は雪景色の中、露天風呂を楽しめ、さらに運がよいとオーロラも見られるかも。

旅の予算

約20万円

飛行機、現地シャトルバス、宿泊、朝食、滞在中のブルーラグーン入浴1回、ゴールデンサークル観光1回、燃油サーチャージを含む。

旅の注意点

ブルーラグーンは水着着用。施設内でも水着が借りられるが紙パンツのような簡易水着なので持参したほうがいい。タオルのレンタルもある。温泉成分に含まれる珪素・塩分が肌にいいとされ、泥パックが人気。ただし入浴後は油分が落ちてカサカサになるので保湿クリームなどケアが大事。広い温泉内は場所により温度が異なるので自分好みの湯加減を探してみよう。

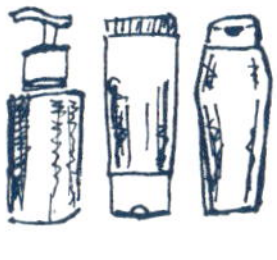

ここにも寄りたい

ブルーラグーンのついでに行けるゴールデンサークルも年間通じて人気の絶景。間欠泉ゲイシールやグトルフォスの滝、太平洋プレートと大西洋プレートがぶつかる大地の割れ目ギャウなど自然の息吹が感じられる。

さらに1泊2日を追加して、アイスランド北部の“ミッドナイトサン＝真夜中の太陽の街”アークレイリ観光もおすすめ。バスで行けるミーヴァトン湖は、活発な地熱で冬でも凍結しない野鳥の宝庫。日本にはないソフトボール大のマリモを見ることも可能。

地球の活動を目の当たり！

旅の相談はH.I.S.へ

トラベルワンダーランド新宿本社ヨーロッパセクション（TEL:03-5360-4881）なら航空券のみの自由旅行の組み合わせからパッケージツアーまでプランにあわせたご案内が可能。オーロラ鑑賞との組み合わせも人気でおすすめ。

絶景 47

ナヴァイオビーチ
ギリシャ

地中海に浮かぶザキントス島にあるビーチ。白砂のビーチには1980年に漂流した難破船が鎮座している。美しい海岸と、不気味な空気を漂わせる難破船のコントラストが絶妙。ジブリの名作『紅の豚』の舞台になったとも言われている。

絶景 47　ナヴァイオビーチ　ギリシャ

ミステリー好きとしては難破船の方が気になる…

絶景への行き方

まずはアテネから国内線で約1時間のザキントス島を目指そう。中東アブダビ経由のエディハド航空など夜発のフライトを選べば、往路はアテネに泊まらず到着できる。復路はアテネに泊まるのがおすすめ。ザキントス島からナヴァイオビーチへはクルーズ船でのみ接岸が可能なので、現地でオプショナルツアーに参加しよう。

ザキントス市内からレンタルバイクなどでナヴァイオビーチへ向かい、断崖の上の見晴台から眺める方法もあるが、片道約40kmの距離がある。日程に余裕があればその他のイオニア海に面したビーチも巡ってみてはいかが?

いいね！　安西 亜美さん

行ったことあります(^^)/　行こうと思って行ったわけじゃないんですが、ザキントス島へ行ったとき乗った遊覧船のルートに組み込まれていました。大きい船は上陸（?）できないので、ちょっと離れたところに停泊していて、行きたい人は「泳いで行ってくださ～い」とのこと。泳いで上陸しました。そんなに有名な所だったとは(^^;

仕事後の夜に成田からギリシャへ出発できる

たとえばこんな旅

SUPERB TOUR PLAN

1日目	成田夜発
2日目	アブダビ乗り継ぎ → アテネ乗り継ぎ → ザキントス
3日目	ザキントス泊
4日目	ザキントス → アテネ泊
5日目	アテネ →
6日目	アブダビ乗り継ぎ → 成田着

おすすめの季節

夏

6月中旬～9月上旬まで。夏はホテルやフライトなども混み、値段も上がるが、交通手段は増便され旅行しやすい。秋は観光客も減って閑散とし、クルーズ船の運行も毎日でなくなり、土産物屋も閉店するので要注意。

旅の予算

約16万円

飛行機、出入国税、宿泊、空港税、燃油サーチャージを含む（8月20日出発の例）。

旅の注意点

ビーチグッズと日焼け止めは必須。レンタルバイクを借りる予定なら国際免許証を用意しよう。夏の旅行なら軽装で大丈夫だが、冷房が効きすぎていたりすることも多いので羽織るものがあると便利。機内でも役に立つ。ザキントス島で1日だけのクルーズでナヴァイオビーチなどの海を訪れる際、小さめのリュックがあると便利。遺跡の観光を計画している場合は、スニーカーなどの歩きやすい靴と帽子をお忘れなく。

ミコノス島の夏の夜は世界一盛り上がる

ここにも寄りたい

せっかくギリシャに行くので、サントリーニ島（56ページ参照）か、世界遺産ディロス島の入口であるミコノス島にも行きたい。遺跡やギリシア神話好きならクレタ島もおすすめ。

エーゲ海の島々へはアテネからフェリーまたは国内線の飛行機で行こう。アテネ市内も、パルテノン神殿で有名なアクロポリス遺跡をはじめ、国立考古学博物館など見逃せない観光スポットが多数ある。世界遺産好きならアテネから北西へ178kmのデルフィへも足を伸ばしてみてはいかが？

わたしが行った
世界の絶景
⑤

フィレンツェのドゥオーモ

text: 詩歩

海外旅行でいちばん好きな瞬間は、空港に降り立った瞬間です。

それを感じたのは、初めて海外に降り立った19歳の夏。
イタリア･ローマにあるフィウミチ―ノ空港でした。

異国の地にある空港に一歩踏み入れたとき、一瞬で五感を刺激する明らかな違和感。そして「来ちゃった！」とワクワクするときが、いちばん好きな瞬間です。

ここではわたしの初めての海外体験、イタリア1ヶ月ひとり旅について書きます。

初めての海外旅行、最大のハプニングはなんと国内で起こりました。

高速バスに乗り、成田空港だと思って降り立った地が、なんと羽田空港だったのです。
気づいた瞬間急いで成田空港行きの高速バスに乗り、無事に間に合って旅をスタートすることはできたのですが…これは旅好きとしては、いつ思い出しても恥ずかしくなる失敗です……（苦笑）

そんなハプニングから始まったイタリアですが、二部構成の内容でした。

前半はぶらりひとり旅。
読めないイタリア語の地図と、イタリアが舞台になっている辻仁成･江國香織著『冷静と情熱の間』、ダン･ブラウン著『天使と悪魔』を片手に遺跡だらけの街並を散策しました。

ローマではコロッセオや真実の口、パルテノン神殿、トレヴィの泉を歩いて回り、フィレンツェではウフィツィ美術館、ヴェッキオ橋、ピサではピサの斜塔、ベネチアではサンマルコ広場など、世界遺産の街並を、すべて徒歩で歩き尽くしました。
歩きすぎて1日で足のマメが潰れるほどでしたが、バスに乗るのがもったいなく、意地でも徒歩で周りました。

イタリアいちばんの絶景だと思ったのは、フィレンツェのドゥオーモ屋上から見るフィレンツェの街並です。

ドゥオーモの階段は狭い螺旋状。
昇りはじめたら引き返せない！

後ろから人が来るため、止まることが許されないドゥオーモの463段の階段を上りきった光景は、一面に広がる赤茶色の家々と、荘厳にそびえ立つジョットの鐘楼。それはまるで精巧に作られた模型を見ているかのような美しさで、狭い屋上にぽつんと2時間ほども居座り、ただただその光景を味わっていました。

後半は、国際ボランティアプログラムへの参加でした。
7カ国から集まった同世代の11人で、寝食をともにしながら地元の人と一緒にボランティアを行いました。

自分の英語がまったく通じないことに大きなショックを受けながらも、喋れないなりにボディランゲージやイラストで想いを伝え、2週間の共同生活を終えました。

人生で初めて日本から離れた1ヶ月間が終わり、いよいよ日本に帰国しました。
あの、再び日本の地に降り立てたときの安心感は忘れることができません。

初めてのこの海外旅行から、その後どんな国に行っても、1度も変わらないことがあります。
それは、やっぱり日本がいちばん！

苦労して昇った先には絶景が！屋根の色が統一された街並は日本では見られない風景。

絶景　48

ラントヴァッサー橋

スイス

スイス東部のラントヴァッサー渓谷にかかる、高さ65mの石橋。アルプスの山岳地帯を通る赤い観光列車「氷河急行」がこの橋を通過する。スイスの代表的な風景とされ、紙幣にも使われている。

絶景 49

カッパドキア

トルコ

中央アナトリア地方に広がる奇岩地帯。その下には4世紀頃に建造されたと言われる地下都市があり、地下8～9階もの深さに及んで、教会やキッチン、ワイナリーが広がる。気球でのフライトが有名で、空から広大な世界遺産を満喫できる。

絶景 48　ランドヴァッサー橋　スイス

トンネルを抜けると そこは…… 崖だった！

絶景への行き方

ランドヴァッサー橋はスイスのグラウビュンデン州にあるアルブラ線区間にある高架橋。クール～ティラノに向かうベルニナ急行や、サンモリッツからツェルマットへ向かう氷河特急など、人気の特急列車でも通過することができる。もちろん各駅停車の電車などで訪れることも可能。

スイスの空気を深呼吸したい♪

いいね！　岡康彦さん

数年前に撮影に行きました。フィリズールから徒歩で30分くらい。行きは下りで楽ちんでしたが帰りは辛かった。この景色と下から見上げる所と2箇所行きました。それ以外にも数箇所ポイントがあります。1日いても飽きません。

街並や建造物も美しい！

たとえばこんな旅

SUPERB TOUR PLAN

1日目　成田 → チューリッヒ泊
2日目　チューリッヒ → ハイジの里・マイエンフェルト散策 → クール → サンモリッツ泊（途中ランドヴァッサー橋を通過）
3日目　サンモリッツ → ベルニナ急行でティラノ → サンモリッツ泊（途中アルプグリュムなど下車散策も可能）
4日目　サンモリッツ → チューリッヒ泊（途中ランドヴァッサー橋を通過）
5日目　チューリッヒ→
6日目　成田着

おすすめの季節

6月から10月上旬

谷の合間を走り抜ける、渓谷にかかる高架橋なので、緑が美しく映える6月から紅葉などがきれいな10月上旬がおすすめ。夏場はフィリズールの駅から約20分のハイキングで橋を見下ろす展望台に行ける。

旅の予算

約25万円

飛行機、宿泊、朝食、滞在中交通費（スイスパス）、燃油サーチャージを含む。

旅の注意点

電車の窓から、電車がトンネルに入っていく瞬間と橋を撮影するには、クールからサンモリッツ方面へ乗車し、右側からベストショットを狙おう。ベルニナ急行はパノラマ車両の窓が開かないので、そのまま撮影すると窓に反射した自分の姿が映り込む。車両と車両の連結部分の窓が開くので、そこから撮影するのがおすすめ。

ここにも寄りたい

サンモリッツから氷河特急を利用してツェルマットへ向かうと、スイスの中でも有名なマッターホルンを見ることができる。また、氷河特急では絶景を眺めながら3コースのランチを楽しめる。

氷河特急から眺めるマッターホルンも最高

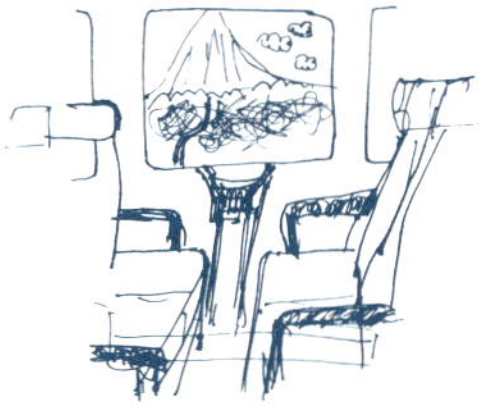

氷河特急のランチは、スイスならではの料理とワインが楽しめる。

旅の相談はH.I.S.へ

トラベルワンダーランド新宿本社ヨーロッパセクション（TEL:03-5360-4881）は、航空券自由旅行の組み合わせからパッケージツアーまでプランにあわせてご案内可能。オーロラ鑑賞との組み合わせも人気でおすすめ。

気球でふわふわ天空散歩 別の惑星に来た気分♪

絶景への行き方

日本からカッパドキアへの直行便はないため、イスタンブールで国内線に乗り継ぎ、約1時間15分のフライトでカイセリ空港またはネヴシェヒル空港へ。カッパドキアの中心地へは、ネヴシェヒルからは約45分だが便数が少なく、カイセリからは約1時間15分だが便数が多い。

各空港からカッパドキアへは事前に旅行会社で送迎を予約しておくと安心だ。観光名所のギョレメ博物館やカイマクル地下都市、多種多様な奇岩群はそれぞれ場所が離れているためガイド同行のツアーへの参加がおすすめ。

気球で見るとさらに絶景！

いいね！　橋本進さん

カッパドキアのバルーンはツアーのほうが安かったです。プロトレックの時計で測ると400メートル以上も上がりますね♪　証明書がもらえるし、軽くお酒も飲めますねぇ～♪

たとえばこんな旅

SUPERB TOUR PLAN

1日目	成田 → イスタンブール → カイセリまたはネヴシェヒル → カッパドキア泊
2日目	カッパドキア観光 → カッパドキア泊
3日目	カイセリまたはネヴシェヒル → イスタンブール泊
4日目	イスタンブール →
5日目	成田着

おすすめの季節

春から秋

冬はきのこ岩に雪がつもった幻想的な風景を楽しむことができるが、一般的には春から秋が観光しやすい。早朝の気球観光は当日の天候によって催行されない場合もあるため、気球に乗りたい場合はなおさら気候が安定する春から秋の間がおすすめ。

旅の予算

約30万円

飛行機、空港送迎、宿泊（カッパドキア洞窟ホテル1泊を含む）を含む。食事、燃油サーチャージは含まない。

旅の注意点

夏は乾燥して日差しが強いので、観光中は帽子やサングラスが必須。反対に、気温が下がり涼しく感じる朝晩には、長袖の羽織るものが1枚あると便利だ。カッパドキアの冬はとても寒く、雪が降ることも多いので、コートや手袋などの防寒具、雨具を用意しておこう。

ここにも寄りたい

8日間あれば、真っ白な石灰棚が広がるパムッカレ、エーゲ海最大規模の古代ローマ遺跡エフェソス遺跡、「木馬」の伝説で有名なトロイ遺跡などを観光できる。

8日間の旅でもっと絶景を見る

世界遺産のパムッカレは入浴もできる。

エフェソス遺跡の美しさには圧倒される。

旅の相談はH.I.S.へ

観光地が点在し、移動が多いトルコでは、国内線バスを利用してぐるっと周遊する添乗員付きツアー（インプレッソ）がおすすめ。インプレッソのツアーならどれもブルーモスク観光が可能。また、日本の旅行会社唯一の直営支店がイスタンブールにあり、http://ameblo.jp/his-istanbul/で最新情報をチェックできる。
関東予約センター添乗員ツアー専門ダイヤル（TEL:0570-00-7667　または、03-5326-5175）

絶景　50

ヤムドゥク湖

中華人民共和国

チベット自治区にある湖。標高約4500mの高さに存在する。“ヤムドゥク”とは“トルコ石の湖”という意味があり、チベットの魂がこの湖に宿っていると言われている。紺碧の湖水が荒涼とした茶色い大地に映える。

絶景 51

モラヴィア

チェコ

チェコ東部の名称。中心は第2の都市ブルノ。中心部から離れた場所はなだらかで肥沃な丘陵地帯となっており、まるで海が波うっているかのような、緑色の大海原が広がっている。夕日に照らされ、一面が黄金色に輝く光景もまた美しい。

絶景 50　ヤムドゥク湖　中華人民共和国

4500mを登った人しか見られない光景がある！

絶景への行き方

ヤムドゥク湖へ行くには、チベットのラサに入る。中国といってもチベット自治区は、外国人の入境を制限しており、飛行機で行く場合は、入境許可の申請や航空券を旅行会社に手配してもらわなければならない。そこでまず中国の成都に入り、そこから成都発のラサツアーに参加するのがいい。また、個人旅行の場合でも、形式上はツアーという形をとりつつ、実際には航空券とチベットの入境証を手に入れて自分で出発するという方法も可能。

ラサからは、車とガイドをチャーターして行くこともできる。ラサからは120kmで、約2時間で到着する。

いいね！　阿部秀樹さん
10年前に全く同じ場所で酸素ボンベを吸いながら写真を取りました！懐かしい!!　綺麗な湖だった〜♪調子に乗ってちょっと走ったら息切れがすごかった…またいつか行きたいです。

いいね！　Michiko Sagaeさん
懐かしい。ここでヤクの上にまたがり＆チベット犬と写真とったな〜。途中トイレがなくて青空トイレ＆ここも簡単な塀？で囲われたトイレだったよーな。いやいや、世界のトイレ事情って面白い!!

たとえばこんな旅

SUPERB TOUR PLAN

1日目　成田 → 香港 → 成都泊
2日目　成都 → ラサ泊
3日目　ラサ → ヤムドゥク湖 → ラサ泊
4日目　ラサ泊（予備日）
5日目　ラサ → 成都 → 香港 →
6日目　成田着

チベットに行くのは想像以上に大変

おすすめの季節

夏

1年の内に乾季と雨期があり、6月〜7月の夏季の時期がおすすめ。その時期でも昼夜の寒暖差が大きいが、4000m以上の高地だけに、太陽光が強く日照時間も長いので、冬期に行くよりは、夏に行ったほうがいい。

旅の予算

約15万円

飛行機、宿泊、入境証・外国人旅行許可証、現地ツアーを含む。

旅の注意点

高血圧やぜんそくの持病のある人はチベット旅行には適さない。チベットは高地にあるため、高山病にかかる人も少なくない。チベットに着いたら、ゆっくり歩くこと、あまり話さないこと、睡眠は十分に取ることなどを気を付けよう。また、夏に行ったとしても、昼夜の寒暖差は大きいので、上着は持っていったほうがいい。日差しが強いのでサングラスや帽子も必須である。

ここにも寄りたい

ラサからの帰りに成都に1泊する余裕があるならば、三国志で有名な蜀の丞相、諸葛孔明の祠堂「武候祠（ぶこうし）」を見ておきたい。

敷地面積は37000㎡で、蜀の皇帝である劉備殿、諸葛殿、劉備墓があり、また数多くの三国志関連の遺物と文物が展示されている。三国志ファンにはたまらない聖地だ。

アクセスもしやすく、個人で市内のホテルから簡単に行くことができる。入場料は30元程度。中国各地にある武候祠の中でも最も有名なもののひとつ。

壮大な中国の歴史にも触れたい！

絶景 51　モラヴィア　チェコ

優しい筆で描いた絵のよう
本当にこれは写真なの？

絶景への行き方

「モラヴィア」というのはチェコ東部の地方のこと。モラヴィアへ行くには、まずチェコの首都プラハへ！日本から直行便はないので、フライトスケジュールや予算、旅程などを考えて航空会社を選ぶといいだろう。

プラハに着いた後は、電車でチェコ東部の街、ブルノへ。2時間40分ほど電車に揺られていると到着する。絵画のような景観が広がる丘陵地は、市街地から離れているところも多いので、レンタカーで行くのが便利だ。目当ての丘陵地はかなり広大。自動車を借りて、自分の好きなペースでのんびり見て回るのがおすすめだ。

いいね！　小松崎たかねさん

ビロード革命直後、90年代初めにモラヴィアを旅しました。オロモウツという町から東北東の丘の上に教会があってそこからの荘厳な風景がまさにこの写真の感じでした。大好きで必ずまた行くであろう場所です。グーグルアース、Svaty Kopeček で見つかります。ちなみにあの緑、私が見たのは、ホップ畑でした。

千年の歴史を持つ都
プラハへ！

たとえばこんな旅

SUPERB TOUR PLAN

1日目　成田 → ウィーン乗り継ぎ → プラハ泊
2日目　プラハ → 電車でブルノへ
　　　→ レンタカーで丘陵地帯へ → ブルノ泊
3日目　ブルノ → 電車でウィーンへ
4日目　ウィーン →
5日目　成田着

アール・ヌーヴォー調の駅舎が素敵。

プラハ駅から
電車の旅へ！

おすすめの季節

夏

チェコは大陸性の気候で、日本と同様に四季がある。おすすめは春〜秋と幅広いが、緑の絨毯が波打つ絵画のような景色を見るならば、夏がいい。チェコの夏は日本と違って、気温も高くなく乾燥していて過ごしやすい。

旅の予算

約24万円

飛行機、燃油サーチャージ、出入国税、空港税、電車（2等）、宿泊を含む（8月20日出発の例）。

旅の注意点

ベストシーズンの夏でも気温はそこまで高くなく、朝晩は冷えるので上着は必ず持っていこう。夏は気温は高くなくても日差しが強い場合があるので、帽子や日傘があると便利。チェコは芸術の街。モラヴィアを訪れるついでに、プラハで音楽鑑賞などをするのであれば、フォーマルな格好は必須だ。TPOに合わせた服装が一通りあると便利。

ウィーンには素晴しい
劇場がいっぱい

ここにも寄りたい

モラヴィアを訪れるならば、チェコの首都プラハには立ち寄ろう。中世ヨーロッパの街並が現存するプラハ歴史地区は、街歩きをするだけで、時間が止まっているかのような美しい景色に出会える。

また、モラヴィアはウィーンまで列車で2時間ほどで行けるので、ウィーンにもぜひ滞在したいところ。ウィーンもプラハ同様、中世の歴史が感じられる古都。また、モーツァルトやシューベルトなどを輩出した音楽の都で、コンサートに足を運ぶのもいいだろう。

もう少し時間があるならば、ブダペストやザルツブルクなど中東欧の都市を鉄道で巡るのもおすすめ。チェコ・スロバキア・オーストリア・ポーランド・ハンガリーの5カ国で使えるヨーロピアンイーストパスは中東欧の周遊にぴったり！

絶景 52

九寨溝

中華人民共和国

中国の奥地·四川省チベット自治区にある湖沼群。1970年代に発見され、1992年に世界遺産に登録された。数ある湖の中で最も美しいと言われているのが「五彩池」であり、30mの湖底にある水草や岩まで見ることができるほど透明度が高い。

絶景 53

竹田城跡

兵庫県

戦国時代に山名宗全らによって建設された、朝来市にある城。秋から冬にかけて朝霧が発生するため、その幻想的な光景を見ようと早朝から多くの人が訪れる。雲海に浮かぶその美しさは“天空の城”と称されることも。

絶景 52　九寨溝　中華人民共和国

妖精伝説が本当と思える説得力のある碧さ！

絶景への行き方

まずは東京から四川省の省都・成都へ。直行便で約6時間で到着するが、上海・北京乗り継ぎの飛行機を利用してもいいだろう。

成都から九寨溝空港までは、飛行機で約1時間。陸路でも約7～8時間で九寨溝まで移動することができるが、おすすめはやはり飛行機での移動。たったの1時間弱で標高3000mを超える九寨溝空港に到着できるのは便利だ。

九寨溝空港からは、自動車で約2時間走れば、九寨溝の麓に到着することができる。広大な中国大陸。到着までに時間がかかるが、九寨溝ははるばる訪れるかいのある絶景である。

北京や上海で乗り継いで観光するのもいい！

いいね！　武三さん
とっても綺麗。上から順番に歩き+バスで楽しめます。

たとえばこんな旅

SUPERB TOUR PLAN

1日目　成田 → 乗り継ぎまたは直行 → 成都泊
2日目　成都泊
3日目　成都 → 九寨溝泊
4日目　九寨溝観光
5日目　九寨溝 → 黄龍 → 成都泊
6日目　成都泊
7日目　成都 → 乗り継ぎまたは直行 → 成田着

成都でパンダに合おう

おすすめの季節

5月から10月

おすすめは5月～10月。8月までは、エメラルドグリーンの湖の周りが緑の木々に覆われ、森と湖の神秘的な美しさを楽しめる。9月中旬～10月は紅葉シーズンで最も混み合う。青く透き通った湖水に映える紅葉はおすすめ。

旅の予算

約17万円

飛行機、添乗員、現地送迎、宿泊（2人部屋利用時の大人1人分料金）、食事、燃油サーチャージを含む。

旅の注意点

高いところだと標高が3000mを超えるため、頭痛や吐き気といった高山病（高度障害）を起こす場合がある。滞在中は無理は禁物。普段より水分を多くとり、慎重に行動することが大切。また、高地なので、1日の寒暖の差が激しく、夏でも防寒対策が必要となる。徒歩で移動することも多いので、履き慣れた歩きやすい靴を用意しよう。

九寨溝散策ではこまめに水分をとること！

ここにも寄りたい

せっかく飛行機を乗り継いで中国の内陸部まで旅行するなら、ついでにいろいろ観光したいところ。

九寨溝から約3時間ほど自動車で走れば、石灰華でできた池が棚田のように連なる黄龍に行くことができる。池は天候により多彩な色彩に変化し、棚田の底は石灰華の作用によって変色した黄色の岩で覆われているため、上から眺めるとまるで黄色い龍が横たわっているように見えることから、その名が付いたと言われている。そこからロープウェイで約3500mまで登れば、約4～5時間のハイキングを楽しむことも可能だ。

また、移動の拠点となる成都はパンダの故郷でもある。ほぼ野生に近い形で飼育されている、活き活きとしたパンダをガラス越しではなく、間近に見ることができる。

和製マチュピチュと呼ばれる天空の城

絶景への行き方

列車で行く場合は、まず姫路からJR播但線で竹田駅下車。駅から登山道を徒歩30分で到着。2013年9月までは、土・日・祝日限定で大阪から直通の特急「はまかぜ」の一部の便が竹田駅に臨時停車する。

車で行く場合は、山陽自動車道姫路JCTから播但連絡道路で和田山JCTへ。和田山JCTから一般道で約20分で中腹駐車場に到着する。駐車場からは徒歩15分。

飛行機で行く場合は、羽田空港→伊丹空港→但馬コウノトリ空港へ。空港から連絡バスでJR豊岡駅へ行き、そこからJRを乗り継いで竹田駅で下車。

いいね！　平瀬 由久さん
先日夜間ライトアップが行われていました。まるでUFOの発着基地のように見えました。もちろん画像に収めました。

いいね！　芦田 いずみさん
城跡に行った後は、向かいの山に登って朝一番の雲海に浮かぶ城跡を見ないとね!!

たとえばこんな旅

SUPERB TOUR PLAN

1日目　東京から新幹線 → 姫路観光 → 竹田観光 → 和田山 → 城崎泊

2日目　城崎 → 豊岡 → 出石観光 → 天橋立観光 → 福知山 → 大阪または京都 → 東京

出石に行ったら蕎麦は外せない。

おすすめの季節

秋か冬

竹田城は別名「天空の城」と呼ばれるが、それは早朝に現れる朝霧の上に城が浮かんだ姿を称してのもの。この朝霧は秋から冬の早朝に現れる。その幻想的な姿を見るには、その時期に訪れるのがおすすめ！

旅の予算

約6〜7万円

新幹線、現地交通、宿泊を含む。カニの季節はプラス5千〜1万円。

旅の注意点

山頂の上から見下ろす竹田の町は、ぜひ見ておきたいところ。この景色を見るには山道を歩くことになるので、すべりにくい運動靴は必携。また歩きやすい服装で両手が空くようにか小さなリュックを持っていくといい。

ここにも寄りたい

せっかく但馬へ旅行に行くなら、やっぱり名湯・城崎温泉に泊まりたい。さらに西の方へ行くと、吉永小百合主演のドラマ「夢千代日記」の舞台になった湯村温泉などがあり、名湯には事欠かない土地である。

これらの地域を訪れるおすすめの時期は、実は冬！この季節に味わえる日本海のカニ料理は、近畿ではとてもよく知られた冬の味覚。

また、丹後の方に向かえば、天橋立が迎えてくれる。車であれば途中の出石で蕎麦に舌鼓を打つのもいいだろう。

カニ鍋で
あったまる

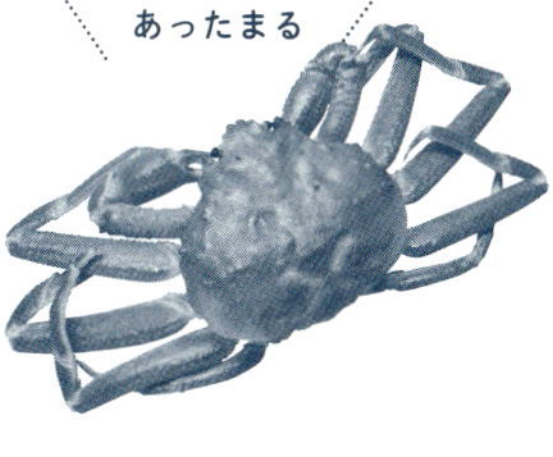

絶景　54

モンキーポッド

アメリカ、ハワイ諸島

熱帯アメリカ原産の高木。オアフ島のモアナルア・ガーデンにある大樹が日立製作所の企業広告で利用されており、「この木なんの木」として親しまれている。木の幹の胴回りが7mしかないのに対し傘の幅は40mもある。

絶景 55

角島

山口県

山口県北西に位置する、日本海に浮かぶ島。エメラルドグリーンの海と、白い砂浜が美しく、映画のロケ地にもよく利用される。角島大橋は離島にかかる橋では日本第2位の長さであり、写真を撮るには絶好のポイントである。

絶景 54　モンキーポッド　アメリカ、ハワイ諸島

大きな木陰でのーんびり お昼寝タイムがしたい！

オアフは大自然の
見どころいっぱい

絶景への行き方

ワイキキの中心からハイウェイ1号線に乗り、ダウンタウンを過ぎたあたりで201号線に入ろう。3番出口を出てすぐの「モアナルア・ガーデン」という公園の中にモンキーポッドはある。ワイキキ市内から車で20分程度。

まずは
ホノルルへ！

たとえばこんな旅

SUPERB TOUR PLAN

1日目　成田 → ホノルル → モアナルア・ガーデンへ → ホノルル泊
2日目　ホノルル泊
3日目　ホノルル →
4日目　成田着

本場のマラサダを
食べたい！

おすすめの季節

夏

夏はハワイのベストシーズン！晴れの日が多く、空の青とモンキーポッドの緑のコントラストがとてもきれい。

旅の予算

約10万円

飛行機、現地送迎、宿泊(2人部屋利用時の1人分)、燃油サーチャージを含む。

旅の注意点

安全な場所にあるので、特に注意事項はないが、個人で行く場合、ハイウェイの出口を間違えるとワイキキ方面に戻ってしまうことがあるので注意。ハイウェイ201号線に乗ったら、案内板をよく見て！

パイナップル
ソフトクリームは
美味しくて
大きくて有名！

ここにも寄りたい

モンキーポッドはワイキキからノースショアへ向かう途中にあるので、思う存分じっくり観賞したら、そのままノース方面へ行こう。

途中にある「ドールプランテーション」に立ち寄って、名物のパイナップルソフトクリームを食べながら、ノースの街「ハレイワ」へ。

19世紀後半から繁栄した砂糖きび産業の町の歴史を感じさせる、レトロな雰囲気の中を散策するもよし、女子好みのお店が集まっているのでショッピングを楽しむもよし！

また、モンキーポッドへ行く前にワイキキ市内からカパフル通り沿いにある「レナーズ」へ行き、マラサダを買ってモンキーポッドの下で食べる、というプランもおすすめです！青空の下で食べるマラサダはいつもよりさらにおいしい！

旅の相談はH.I.S.へ

新宿本社ビーチリゾート専門店では、ハワイ大好きなスタッフが熱くご案内！（TEL:03-5360-4831）
モンキーポッドに行くならば、オプショナルツアーに参加するのもおすすめ。H.I.S.オリジナルのツアーに参加すれば効率よく観光することが可能。成田出発の場合、到着日でも参加できるのでホテルのチェックインまでの時間を有効に使える！

あまりに美しすぎて南国と勘違いしそう！

絶景への行き方

自動車で行く場合は、中国自動車道美祢IC、または下関ICから一般道で約60分走れば到着する。

電車で行く場合は、下関から山陰本線で特牛駅下車。ちなみに特牛駅は「難読駅」として知られる山間のローカル駅。そこから路線バスに乗り換えて20～30分後に到着する。

いいね！　加集 留美さん
私が行った時は曇りでしたが、十分に素敵な場所でした!! 近くにある西長門リゾートホテルがオススメです d(^_^o)

いいね！　齋藤美由紀さん
いったことあるー！夜もヤバい！空プラネタリウムみたいだったー

角島名物はサザエのつぼ焼き！

たとえばこんな旅

SUPERB TOUR PLAN

1日目　羽田 → 山口宇部空港または北九州空港
　→ 車で角島 → 角島または近郊の温泉地泊
2日目　角島または近郊の温泉地 → 萩観光 → 秋吉台観光
　→ 山口宇部空港 → 羽田着

名湯めぐりは外せない！

おすすめの季節

夏

夏がおすすめ。日本海に面した白砂の海岸で海水浴やキャンプを楽しむことができる。もちろん春や秋も、美しい夕陽を見られるスポットとして、多くの人が訪れる。

旅の予算

約6～8万円

飛行機、宿泊を含む。

萩名物夏みかんをお土産に！

旅の注意点

夏に訪れるのなら海水浴が楽しめる服装や道具は必需品。冬の日本海は波が荒く、雪が吹き付けるので、海辺には近づかないほうがよさそう。

ここにも寄りたい

幕末の雄である長州藩のおひざ元の萩市は、幕末から明治維新にかけて活躍した人々の足跡がそこかしこに残っている。また山口県のほぼ中央に位置する秋吉台は日本最大のカルスト地形として有名。その巨大な鍾乳洞は必見！

洞ガールも歴女も萩で大満足！

絶景 56

パゴダ

ミャンマー

137

ミャンマー各地にある仏塔。ミャンマーの人々にとって、パゴダは釈迦に代わるものであり、“釈迦の住む家”であると大切にされている。特にヤンゴン中心部にあるシュエダゴン･パゴダが有名。

早朝の朝靄がかかる幻想的な光景がおすすめ

絶景への行き方

まずはヤンゴンから国内線で約1.5時間、パゴダで有名な世界三大仏教遺跡のひとつであるバガン(ニャウンウー)へ。バガンから車で約20分でバガン遺跡群へ到着。タクシー代は約1000円。個人でバガン遺跡を回る方法はタクシー、自転車、馬車。日本語ガイドが車で遺跡を案内するツアーもある。

ヤンゴンにも美しいパゴダがいっぱい

いいね！　晋山幸枝さん

ここ、最高です！夕方響き渡るお経を聴きながら沈む夕日を見て、大袈裟だけど大地のエネルギーを感じ神秘的な気持ちになりました。おすすめです！

ミャンマー最大の都市の活気！

たとえばこんな旅

SUPERB TOUR PLAN

1日目　成田 → ソウル乗り継ぎ → ヤンゴン泊
2日目　ヤンゴン → バガン遺跡観光 → バガン泊
3日目　ポッパ山・バガン郊外観光 → バガン泊
4日目　バガン → ヤンゴン市内観光 → ヤンゴン → ソウル乗り継ぎ →
5日目　成田着

見てみたい！シュエダゴン・パゴダ

おすすめの季節

10月から2月

乾季にあたる10月～2月が、日中でも温度があまり高くならず湿度も少ない快適なミャンマーのベストシーズン。ヨーロッパからの旅行客も集中する。この時期はフライト、ホテルが大変混み合うので早めの予約がおすすめ。

旅の予算

約17万円

ヤンゴン・バガン周遊5日間。飛行機、空港混乗送迎、宿泊、燃油サーチャージを含む。

旅の注意点

ミャンマーはビザが必要。出発までにビザを取得しよう。また、クレジットカードはほとんど使用できず、日本円からの両替もできない。USドルの新札を持参すること。パゴダ、寺院の入場の際は裸足が決まり。着脱しやすいサンダル、足拭き用にウェットティッシュがあると役に立つ。短パンや短いスカートでの入場も不可なので、動きやすい長ズボンを用意しておこう。

ドリアンも名物

ここにも寄りたい

ミャンマー最後の王都があり、現在はミャンマー第2の経済都市として栄えているマンダレー。5日間の旅程に1日プラスして、ぜひマンダレーへ行ってみよう。

丘全体が聖地とされるマンダレーヒルから眺める旧王宮の景色、夕日は絶景。

マンダレー郊外のアマラプラ観光では、マハーガンダーヨン僧院を見学して、修行僧の日常風景を垣間見ることができる。その他、全長1.2㎞世界最長の木造歩道橋、ウーベイン橋など見どころ満載。

信者でなく
パゴダの中
落ち着く

旅の相談はH.I.S.へ

新宿本店　アジアツアー専門店デスク(TEL:03-5360-4821)
自由気ままなフリープランから日本語ガイドが全行程同行する観光＆食事付きプランまで、たくさんのツアーが選択可。
現地で緊急の際もヤンゴン支店が、安心の24時間日本語サポート！

わたしが行った
世界の絶景
⑥

番外編：日本一周

text: 詩歩

食べることが好きです。
ひとりでラーメン屋や回転寿司に入ることも朝飯前です。
大学時代はゴリラみたいな（失礼）先輩よりもたくさん食べて驚かれたこともしばしば。

「日本全国の美味しいものを食べたい！」
21歳の冬、そんな想いから、わたしの日本一周の旅が始まりました。
ここではそのとき食べまくったものを披露してみます。

START!!
羽田空港から飛行機で
「食の大地」北海道へ

北海道

北海道で食べたもの
札幌ラーメン、ロイズ本店のホットチョコレート、牛乳の天ぷら、スープカレー、旭川ラーメン、夕張メロンパン、カニの食べ放題、ジンギスカン、函館ラーメン、土方歳三バーガー、朝市の海鮮丼

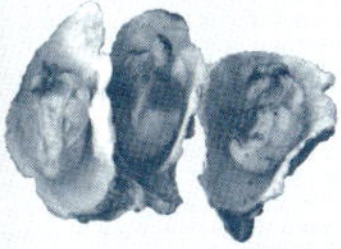

フェリーで本州へ

東北

東北で食べたもの
盛岡冷麺、横手やきそば、わんこそば、ずんだ餅、牡蠣の浜焼き、牡蠣のかき揚げ丼、牡蠣カレーパン、ずんだメロンパン、牛タン丼

JRの東北周遊きっぷを活用して
鈍行列車で移動

北関東

北関東で食べたもの
喜多方ラーメン、桜バーガー、郡山ラーメン、宇都宮ギョーザ①、宇都宮ギョーザ②、宇都宮ギョーザ③、湯葉定食

東京に戻り、再び羽田空港から
飛行機で鹿児島へ

九州

九州で食べたもの
黒豚のトンカツ、天文館「むじゃき」の白熊、豚トロラーメン、さつま揚げ、辛子レンコン、太平燕、熊本ラーメン、長崎ちゃんぽん、長崎カステラ、豚角煮まんじゅう、佐世保バーガー、博多ラーメン、博多焼きラーメン、明太子おにぎり

下関海峡を列車で通過して
本州へ

中国地方

中国地方で食べたもの
フグのフライ、フグバーガー、広島焼き、もみじ饅頭、カキフライ丼、出雲そば、日本海の会席料理

瀬戸大橋を渡り香川県へ

四国

四国で食べたもの
さぬきうどん①、さぬきうどん②、さぬきうどん③、さぬきうどん④

たった1時間の滞在でまた本州へ

近畿・東海地方

近畿・東海地方で食べたもの
イカ焼き、黒たこ焼き、宇治抹茶、伊勢うどん、伊勢エビのフライ、松阪牛コロッケ、ういろう

あー、お腹すいてきた！

絶景 57

南極大陸のオーロラ

南極

南極点を中心とする大陸。面積はオーストラリアの2倍程度。地球上で最も寒冷な地域のひとつであり、最低気温はマイナス90℃にもなる。約3000万年の間に降り積もった雪が最大4kmもの厚い氷の層となって大陸を構成している。

絶景 58

サンタクロース村

フィンランド

フィンランド北部、ロヴァニエミ市郊外にあるアミューズメントパーク。クリスマスはもちろん、365日毎日サンタクロースに会うことができる。村の一部は北極圏になっており、付近でオーロラを見ることも可能。

絶景 57　南極大陸のオーロラ　南極

どこの国でもない氷の国 パスポートの記録は？

南極ツアーが
あるなんてオドロキ

絶景への行き方

相当の覚悟と費用が必要。南極の短い夏の11月～3月に、ウシュアイアから南極への10～20日間のクルーズツアーがある。他にも11月～3月にチリのプンタ･アレーナスから観光フライトが出ていて、プエルトウィリアムスを経由してレイ･ホルへ島へ行ける。

たとえば こんな旅

SUPERB TOUR PLAN

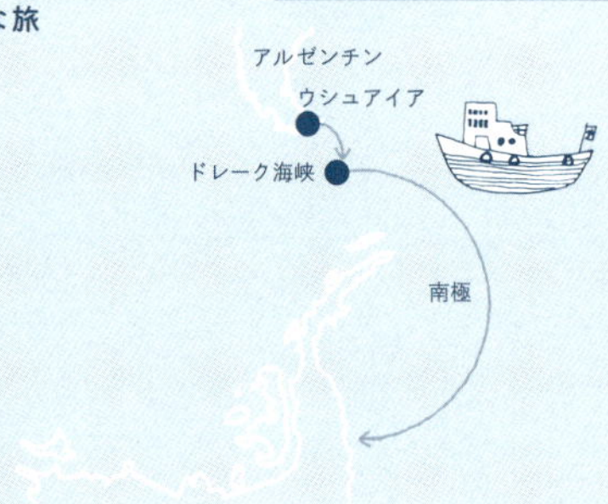

コウテイペンギンに
会えるかな

おすすめの季節

12月から2月

南極の夏である12月～2月がおすすめ。南極大陸は歴史上人間が永住したことのない唯一の大陸。それだけに未体験の感動も！

旅の予算

約100～200万円

行き方、クルーズの期間によってそれぞれ異なる。

旅の注意点

南極へ行く手続きとして、事前に日本の環境省へ確認申請または届け出が必要になる（環境保護に関する南極条約議定書に準じて）。現地からのツアー参加も同様。日差しには要注意。また、すべてが濡れてもかまわないもので揃えよう。クルーズ中にクジラに遭遇するチャンスもあるので双眼鏡（防水）があるとベター。

ボートに乗り換えて
南極上陸できる！

ここにも寄りたい

絶景のついでに南極に行くという方法も！　夏のメルボルンから南極圏の遊覧飛行ツアーはいかが？　2013年は大みそか出発の限定だが、メルボルン空港発着、全行程は約12時間。南極上空遊覧は約4時間をかけ、壮大かつ神秘的な景色を満喫できるツアーとなっている。

ルートはカンタス航空の19の中からチョイス。熟練探検家から南極話を聞くこともできる。ビューポイントの南磁極、ロス棚氷、ビクトリアランドの山脈見学など見どころは盛りだくさん。カンタス航空によれば夕食と朝食、バーサービス付き。エコノミー～ビジネスクラスから選べ、一部を除くクラス以外は、ツアー前半後半で窓側または窓側席隣の席へと入れ替えがある。こちらのツアーは約12万円と格安（南極大陸へ降り立つことはできない）。

旅の相談はH.I.S.へ

南極に行きたい場合も、業界最大級の品揃えの中からニーズに最適な航空券（飛行機チケット）がきっと見つかるはず。オンラインなら24時間空席照会･予約が可能。
トラベルワンダーランド新宿本社　海外自由旅行専門店（TEL:03-5360-4891）

サンタさんのエアメール 嬉しくて今でも覚えてる

絶景への行き方

実は日本から最も近いヨーロッパがフィンランド。首都ヘルシンキまでは成田、関空、中部からそれぞれ毎日週28本（2013年夏期現在）もの直行便が飛んでいる。ヘルシンキまでは約10時間30分。

サンタクロース村の最寄空港はロヴァニエミ。ヘルシンキから毎日4～6本の国内線が飛んでいて約1時間30分で到着できる。空港から市内までは車で約15分。ロヴァニエミ駅やバスターミナルから8番のバスに乗れば、約20分でサンタクロース村。バスはほぼ1時間おきに出ている。サンタクロース村自体は年中無休365日オープン。

冬のヘルシンキは道も港も凍る

見渡す限りの大雪原も絶景

たとえばこんな旅

SUPERB TOUR PLAN

1日目　成田 → ヘルシンキ乗り継ぎ → ロヴァニエミ泊
2日目　サンタクロース村観光　サンタクロースと写真撮影 → ロヴァニエミ泊
3日目　ロヴァニエミ → ヘルシンキ泊
4日目　ヘルシンキ →
5日目　成田着

一年中サンタクロースと記念撮影できる

おすすめの季節

12月から1月

サンタクロース村自体は年中クリスマスムード満点。日が沈まない夏も素敵だが、冬（11月～2月）の景色とサンタの組み合わせはより気分が盛り上がる。また冬ならではのスノーアクティビティが楽しめるのもメリット。

旅の予算

約14万円

飛行機、バス、タクシー、サンタクロースと撮影したデータ、宿泊を含む（12月上旬出発の例）。

旅の注意点

サンタクロース村があるロヴァニエミは北極圏に位置するので夏でもしっかりした上着が1枚は必要。建物の中は冬場も十分に暖かいので、着脱しやすい重ね着がおすすめ。また太陽に近い極圏に行くのでサングラス、日焼け止め、リップなどの紫外線対策は忘れずに！

ここにも寄りたい

ロヴァニエミからヘルシンキへ帰る方法を、「サンタクロースエキスプレス」という寝台列車に変更してみてはいかが？シャワー付き個室やレストランカーも完備している列車で、移動しながら宿泊もできるので時間の節約ができ、夏の白夜の頃には、飛行機からは絶対に見ることができないフィンランドの景色を一晩中堪能できる。

白夜やクリスマスの季節にサンタクロースの名前を冠した列車に乗って旅した経験は、きっと素敵なフィンランドならではの想い出になるはず！

冬のフィンランドは物語の世界に迷い込んだみたい

この絶景が最高のプレゼント

旅の相談はH.I.S.へ

サンタクロース村がある北極圏まで行くのであれば、やはり同時に見てみたいのはオーロラ。インプレッソでは安心の添乗員同行でサンタクロース村とオーロラ観賞を組み合わせて北欧の観光地を効率よく廻るツアーを多数用意。中には人気のガラスイグルーに宿泊するプランなどもある。
関東予約センター添乗員ツアー専門ダイヤル（TEL:0570-00-7667　または、03-5326-5175）

絶景　59

セノーテ・イキル

メキシコ

ユカタン半島にある地底湖。「セノーテ」とは「地底湖」という意味があり、イキルだけでなくメキシコ各地に存在している。飛び込み台が設置されており、ライセンスがなくても泳ぐことができる。微生物が存在しないため、透明度は100mと言われている。

45　絶景 60

真名井の滝

宮崎県

宮崎県北部、高千穂峡にある滝。日本の滝百選のひとつ。神話に縁のある土地として知られ、神秘的な雰囲気が漂っている。夏季期間中はライトアップされ、より幽玄な雰囲気を楽しむことができる。

大規模な鍾乳洞が湖底に沈む不思議な湖

美しいカリブ海や
トゥルム遺跡にわくわく

絶景への行き方

成田・羽田からメキシコのカンクンまでは、アメリカで飛行機を乗り継いで行ける。かかる時間は約14時間だが、乗り継ぎ地によってはさらに2〜3時間かかることも。羽田から出発する、カンクンからのツアーに参加するのが一般的だ。カンクンから車でグランセノーテへ行き、シュノーケリング、ダイビングを楽しむことができる。日本語インストラクターによるツアーもあるので安心。

いいね！　黒坂麻衣子さん

ここ行きました！泳ぎました！すごく透明で青くて空飛んでるみたいだった。鍾乳石の隙間からさす光にもウットリ。行く途中に延々と乗るトロッコ馬車も楽しかったです☆

たとえばこんな旅

SUPERB TOUR PLAN

1日目　成田 → ダラス乗り継ぎ → カンクン泊
2日目　グランセノーテツアー参加 → トゥルム観光
　　　→ プラヤ・デル・カルメン観光 → カンクン泊
3日目　カンクン → ダラス乗り継ぎ →
4日目　成田着

刺激的なデザインがあちこちに

おすすめの季節	旅の予算	旅の注意点

おすすめの季節

夏

1年を通して水温が20度半ばで変化せず、泳ぐことができる。カンクンは夏期（5月〜9月）と冬期（10月〜4月）に分かれており、日差しの強い夏期に行くほうが、水中でより幻想的な世界が見られておすすめ。

旅の予算

約15万円

飛行機、宿泊、オプショナルツアー（昼食1回付き）、セノーテ入場料、トゥルム遺跡入場料、空港送迎、燃油サーチャージを含む。

旅の注意点

ライセンスがなくてもダイビングを楽しめる（ツアーによる）。また、水中がとても幻想的な世界なので、水中カメラを持って行くといい。また、ツアーに参加するときに必要なものというと、タオルがあれば十分。ウエットスーツはレンタルが可能（有料）。

日差し対策にソンブレロ

ここにも寄りたい

まずおすすめなのはコスメル島。メキシコで3番目に大きい島で、カンクンから車で南へ1時間走り、さらにフェリーに乗って40分のところにある。マリンスポーツ、シュノーケリング、ダイビングも楽しめる。この島内にあるチャンカナブ国立公園も、白い砂浜に南国の風景が広がる絶景。

次のおすすめはマヤ文明圏屈指の勢力を誇ったチチェン・イッツァの遺跡で、カンクンの観光客の9割が足を運ぶ名所。カンクンから2時間30分のところにある世界遺産。

ピラミッドが名物
チチェン・イッツァ

旅の相談はH.I.S.へ

中南米・中近東・アフリカなどの秘境旅行を専門とした旅のブランド「ネイチャーワールド」へ。カウンセラーは旅の達人揃い！（http://www.natureworld.jp/　TEL:03-5775-0731）

滝の下まで行って
神の飛沫を浴びたい！

いいね！　中森亜紀さん
うちから1時間半で行けます☆この写真の水の色や雰囲気を味わえるのは晴れた日の午前中。本当に絶景ですよ！ちなみに、厳密に言うと、太陽が真上にあり水面に直接光があたる11時～13時くらいの数時間だけ水がエメラルド色に光っています。ただ、先日ゴールデンウィークに11時に行ったらボートが6時間待ちで断念したので、早朝に行って予約をするか平日に行くことをオススメします…

いいね！　関口美保子さん
ボートの漕ぎ方が下手で、思いっきりこの滝のどれかに突っ込んで、べちゃべちゃになっちゃったことも素敵な思い出です。

絶景への行き方

車で行く場合は、熊本空港から約90分、宮崎空港から約150分。付近に駐車場があるため、間近まで車で行くことができる。電車&バスで行く場合は、JR日豊本線延岡駅から宮交バスの高千穂バスセンター行きに乗って1時間20分。終点で下車して徒歩30分で到着する。

高千穂名物
ヤマメをどうぞ

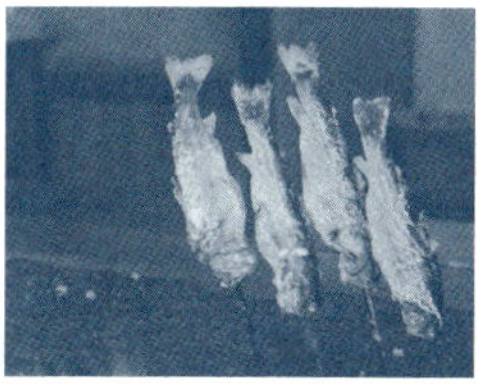

たとえばこんな旅

SUPERB TOUR PLAN

1日目　羽田 → 熊本空港 → 阿蘇・草千里観光
→ 阿蘇山火口見学 → 阿蘇泊

2日目　阿蘇 → 高千穂峡・真名井の滝・高千穂神社・天安河原
→ 高千穂泊

3日目　高千穂 → クルスの海 → 馬ヶ背
→ 宮崎空港 → 羽田着

おすすめの季節

秋

秋がベスト。高千穂峡全体がさまざまな色の紅葉に覆われる。また、真名井の滝は、遊歩道から見る上からの景色と、ボートから見る下からの景色の2パターンが楽しめる。紅葉の季節は、落ち葉が溜まり、水面が赤く染まる。

旅の予算

約6万円

飛行機、レンタカー、宿泊（2人部屋利用時の大人1人分料金）、食事（2泊4食付）、諸税を含む。

旅の注意点

避暑地としても知られる高千穂峡は、夏は涼しいが、それ以外の季節は非常に冷え込む。従って、通常の服装では、現地では少し肌寒く感じることもしばしば。軽く羽織るものがあればいいだろう。また、ピーク時期は、高千穂峡の駐車場が満車となり、かなり離れた場所に停めなければならない場合もあるため、ヒールやサンダルなどは避けたほうがいい。

ここにも寄りたい

宮崎県日向市にある「クルスの海」は高千穂峡や真名井の滝と並ぶパワースポットとして有名。このクルスの海には、訪れると願いが叶うという不思議な言い伝えがある。

クルスはポルトガル語で「十字」という意味で、展望台から「クルスの海」を見てみると、その岩の形状が「叶う」という文字に見えることから、そのような伝説が生まれたのではないかとのこと。

また、沖縄にも引けをとらないエメラルドグリーンの大海原を見渡せるスポットでもある。

日向のハマグリ料理を
食べて帰ろう！

旅の相談はH.I.S.へ

九州では現地スタッフを強化し、豊富な知識で地元人だからこそ知っている現地のスポットなどを細かく案内している。また、九州のコールセンターからリアルタイムで気候や適した服装、旬な情報などを提供中！
九州地区予約センター・ハウステンボスコールセンター（TEL:050-5833-2825）

絶景　61

湯西川温泉

栃木県

日光市にある温泉街。毎年1～3月に「かまくら祭り」が開催されており、数多くの小さなかまくらをロウソクの灯りが幻想的に照らす。大きなかまくらもあり、暖かなかまくらの中で雪見を楽しむこともできる。2013年で20周年を迎えた。

絶景 62

チチカカ湖

ペルー·ボリビア

ペルーとボリビアの国境に位置する、船が航海可能な世界最高所の湖。標高は約3800mあり、日本の富士山より高い。湖には大小41の島があり、先住民が浮島を作って生活している。突き抜けるような空の青さと、深い海の青さのコラボレーションが美しい。

絶景 61　湯西川温泉　栃木県

だんだん日が落ちていく
雪景色は幻想的だろうな

絶景への行き方

列車で行く場合は、まずは東武特急で鬼怒川へ。そこからバスに乗り換えて約50分後に到着する。自動車で行く場合は、東北自動車道、今市ICから約1時間。バスの本数が少ないが、雪の多いエリアなので、JRとバスで行くのがおすすめ。

いいね！　Akiko Takamuraさん
昨年行って来ました。とっても綺麗だし、町でやってるナイトショーすごい良かったです～

いいね！　松浦 久美子さん
前職勤務地！すごーくいい所です！温泉で体も心もお腹も温かくなり、ほんわかします！

歴史のある街並にも
ひなびた味がある

たとえばこんな旅

SUPERB TOUR PLAN

1日目　浅草→東武特急で鬼怒川温泉
　　　→路線バスで湯西川温泉

2日目　湯西川温泉
　　　→路線バスで鬼怒川温泉
　　　→東武特急で浅草

行き帰りに
スカイツリー
浅草から見え

囲炉裏料理も湯西川名物

おすすめの季節

冬

幻想的なかまくら祭りの行われる冬季、または紅葉の美しい秋がおすすめ。平家の隠れ里の伝承を今に伝えるエリアでぜひ1泊して、囲炉裏端の料理を食べて帰ろう。

旅の予算

約3万円

電車、バス、宿泊を含む。

旅の注意点

雪深い地域なので、旅行の際には歩きやすい靴、暖かい服装で！

ここにも寄りたい

おすすめの季節が湯西川温泉と同じである世界遺産の日光に立ち寄ってみては？

紅葉のシーズンにはいろは坂、冬季には凍る華厳の滝など、日光東照宮をはじめとする史跡以外にも、おすすめの自然の風景がたくさんある。

日光東照宮や華厳の
滝もすぐ近くにある

絶景 62　チチカカ湖　ペルー・ボリビア

船ではしゃぎすぎて高山病にならないように

絶景への行き方

まずはペルーの首都リマまで、アメリカのダラスやアトランタで飛行機を乗り継いで行こう。約20～21時間かかる。そこからさらに国内線を乗り継いで、クスコまで1時間20分ほど飛行機で移動（1日20便前後出ている）。

クスコからアンデン･エクスプローラーという鉄道に揺られること10時間。またはリマからフリアカ空港まで（1日6便出ている）さらに飛行機を乗り継いで約2～3時間。

そこからチチカカ湖の湖畔の街プーノまでは、乗り合いのツーリストバスに乗って約45分で到着する。

いいね！　Natsumi Kobayashiさん
あー2年前かぁ（T_T）ほんとにチチカカきれいだったなー、雲がすごく近かったもんなぁ。

いいね！　よこやんゆっちさん
太陽の島は、はしゃいで登ると息苦しくなります（笑）高度たかい～

たとえばこんな旅

SUPERB TOUR PLAN

1日目　成田 → アメリカ（アトランタなど）乗り継ぎ → リマ泊
2日目　リマ → フリアカ → バスでプーノへ
3日目　ウロス島観光 → プーノ泊
4日目　バスでフリアカへ → リマ（日付変更）
5日目　リマ → アメリカ（アトランタなど）乗り継ぎ →
6日目　成田着

アルパカが放牧されている

おすすめの季節

5月から9月

5月～9月の乾期がおすすめの季節。雨期は雨で道路が水没するほどの降水量になるため予定をこなすのが困難になることもある。

旅の予算

約28万円

飛行機、宿泊、空港送迎、ウロス島ボートを含む。

旅の注意点

プーノは標高3827mもあるため、乾期は日焼け止めが必要になるほど日差しが強烈。サングラスは必須だ。反面、夜は急に冷え込み、厚手のセーターなど防寒準備が必要になる。また高山病に関する予備知識を持っておくと慌てなくて済む。

ここにも寄りたい

1日滞在を延ばしてボリビア側に行こう。日本では経験できない陸路で国境を越え、インカ帝国から続く宗教都市で熱心な信者がいるカテドラルのある街、コパカバーナへ。ここでは4月にフォークロア色の強いカルナバルが開催される。

ウユニ塩湖もティワナク遺跡もボリビアにある！

旅の相談はH.I.S.へ

南米の観光名所は点在していて個人で回るのはかなり困難。でも、せっかく行くからにはできるだけ多くの名所を訪れたいもの。添乗員付きのコースであれば言葉や高地の旅行などの不安が多い南米の旅行も安心。さらにポイントを押さえて効率よく南米の名所を巡るだけでなく、名物料理などもプランに組みこんであって利用価値大！
関東予約センター添乗員ツアー専門ダイヤル（TEL:0570-00-7667　または、03-5326-5175）

絶景 63

玄海町の棚田

佐賀県

佐賀県北部、浜野浦区にある「日本棚田百選」に選ばれた棚田。日本海に臨む展望台から、美しく整備された棚田を眺めることができ、夕暮れ時には田に張られた水が夕陽を反射して幻想的な風景が現れる。見頃は田植え前の５月上旬。

絶景 64

富士山

静岡県·山梨県

静岡県と山梨県に跨がる、日本一高い山。標高3776m。周囲に他の山がない独立峰であり、その優美な風貌により、古くから信仰の対象として崇められている。2013年に世界文化遺産に登録された。

この美しい景色を ずっと守っていってほしい

絶景への行き方

自動車で行く場合は、福岡空港·佐賀空港·長崎空港からほぼ同じ距離で、約110分のところにある。付近に駐車場があるので、すぐ近くまで車で行くことが可能。鉄道で行く場合は、JR筑肥線·唐津駅から昭和バスで約50分、浜野停留所で下車し、徒歩で約5分。

いいね！　Tomoko R. Haramakiさん
佐賀県在住です。この風景、とても好きです。6月の田植え前でないと、こんな写真は撮れないです。

いいね！　永島昭さん
この夕焼けが、撮りたくて、多くの方が、三脚立てて待つスポットです。

唐津湾の風景も美しい！

たとえばこんな旅

SUPERB TOUR PLAN

1日目　羽田 → 長崎空港 → ハウステンボス泊
2日目　ハウステンボス → 唐津 → 玄海町の棚田観光 → 唐津泊
3日目　唐津 → 博多観光 → 福岡空港 → 羽田着

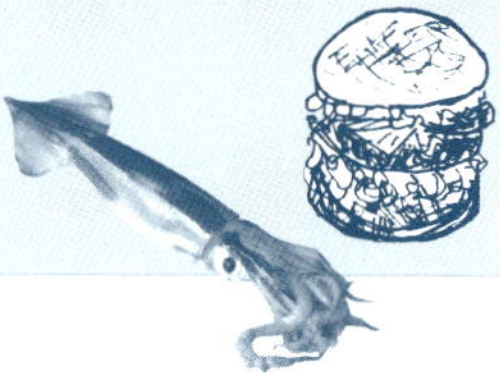

唐津バーガーと呼子のイカも外せない！

おすすめの季節

5月

苗が植えられる直前の時期である5月の水田の季節は、夕日に映える美しい景色を見ることができる。気候も安定し、新緑の九州の自然を満喫することもできる。

旅の予算

約5万円

飛行機、レンタカー、宿泊（2人部屋利用時の大人1人分料金）、食事（朝食2回分）、諸税を含む。

旅の注意点

アクセスはレンタカーが便利。日本全国の棚田の中でもトップクラスの美しさ。ぜひカメラを持参しよう。夕日をバックに棚田を撮影するには、雲が少ない瞬間を狙いたい。夕日が落ちる時間帯のタイミングによって表情がさまざまなので、時間に余裕を！日没の時間も事前に調べておこう。また、恋人の聖地としても認定され、プロポーズや告白のベストスポットとなっている。カップルは心の準備を！

ここにも寄りたい

有名な呼子のイカの活き造り料理は食べておきたい。また、黒田勘兵衛ゆかりの城である名護屋城跡は、壱岐、対馬まで一望できておすすめ。福岡県最西部に位置する糸島市の火山（ひやま）山頂も隠れた絶景として知られるハイキングスポット。

糸島や名護屋城跡から玄海灘がよく見える

遠くで見ていてくれる
家族のような存在

絶景への行き方

富士山の主な登山口は「富士宮5合目」「須走5合目」「スバルライン5合目」「御殿場新5合目」の4つで、それぞれに特徴がある。最も一般的なルートがスバルライン5合目から行く吉田ルートで、どのポイントからでもご来光を見られて、山小屋もたくさんあるので、初心者にもおすすめ。

ちなみに富士宮口からのルートは最短だが、登山道が狭く混雑時は待機時間が発生することも。須走ルートと御殿場ルートは登山客が少なく比較的静かな雰囲気だが、須走ルートは8合目から吉田ルートと合流するため混雑が避けられず、御殿場ルートはコースタイムが長くて初心者には利用しづらい。自分の目的と登山の実力にあったコースを選ぶことが、なにより大事だ！

たとえばこんな旅

SUPERB TOUR PLAN

※富士登山は目的によって宿泊する合目や時間配分が異なる。ここでは最もメジャーな吉田ルートを利用して、ご来光を山頂で見るためのスケジュール例を紹介。

START!!

12:00すぎ　登山開始
週末と8月のシーズン中はマイカー規制がかかるのでツアーで参加するのが一般的。だいたいどのツアーも12時すぎに登山開始。

12:40頃　安全指導センター到着
ここから先は山頂方面を見上げることができるので、やる気も湧く（遠い道のりに意気消沈する人も…）。人工的な落石防止の壁を側面に、変わり映えのしない幅の広い岩と砂利の道をひたすら登る。

16:00頃　8合目に到着
人によって違いはあるが、出発してから約3時間〜4時間で到着。多くの山小屋があり、ここでご来光に備えて夕食と仮眠をとろう。ここで寝ておかないと2日目の山行に大きく支障をきたすのでしっかり休むこと！

01:00　山小屋出発
須走ルートとの合流地点である本8合目からは非常に混みあい、山頂に付く前にご来光を迎えることもしばしば。確実に山頂で御来光を迎えたいなら混雑時はもっと早く出発するといい。ヘッドライトの明かりが山頂までうねうねと連なっているのが見え、なかなか列が動かないことも。

9合目
寝不足と疲労MAX。胸突き八丁なのでがんばろう！

山頂
寒さに耐えながら、白んでいく空の先と眼下の広大な雲海をじっと見つめて日の出を待つ。雲海の彼方からわずかにもれるオレンジの輝きが見えると一瞬にして輝きが増し、太陽が顔を出す。感動の一瞬！

おすすめの季節

夏

山開きの7月1日から山じまいの8月26日まで。梅雨の7月前半は要注意。雨中の登山は難度も上がり、登頂成功率に影響するので避けたほうがいいかも。新月の日に登るのもおすすめ。月がないので満天の星空を楽しめる。

旅の予算

1〜2万円

ガイド、山小屋での食事付きでもピーク時で2万円弱。ガイド不要でバス、山小屋（素泊まり）のみの利用あれば8000円〜1万円で参加可能。

旅の注意点

富士登山で必ず必要なものは雨具（ビニール製は不可）、防寒着、ヘッドライト、登山靴。登山靴は靴ずれを防ぐためにレンタルではなく自分で購入し、低山などで一度履き慣らしておこう。1泊2日で簡単に行ける観光地のようなイメージがあるが、日本一高い山なので高山病には要注意。頭痛や息苦しさを感じたらしっかり休み、こまめに水分補給を！山頂の気温は東京と比較して平均22度も低いので、山頂でご来光を待つときの防寒着は、フリースやダウン、手袋など十分に暖かいものを！

三保の松原から見る
富士山も最高！

ここにも寄りたい

ご来光を見た後は、お鉢巡りがおすすめ。富士の火口を一周し、最高三角点、信仰の山ならではのさまざまな神社、夏季のみ営業の郵便局を見て回ろう。

そして登山の後は温泉で疲れた体を癒したい！富士山周辺にはたくさんの日帰り温泉がある。温泉なしのツアーでも、ぜひとも立ち寄ろう。おすすめは露天風呂から富士山が見える温泉宿。自分の足で登った山頂を見ながら入る露天風呂は最高！遠くから眺めるだけの富士山が、より近くに感じられる瞬間。想像するだけでもワクワク♪

また、旅にでたくなる

さくいん

あ

アイスホテル　スウェーデン……p112
アンダルシア郊外のひまわり畑　スペイン……p52
雲海テラス　北海道……p41

か

カクシラウッタネン　フィンランド……p16
カッパドキア　トルコ……p121
カナイマ国立公園（ギアナ高地）ベネズエラ……p61
河内藤園　福岡県……p109
キャピラノ渓谷吊り橋　カナダ……p80
九寨溝　中華人民共和国……p128
クレヴァニ　恋のトンネル　ウクライナ……p8
グレート・スモーキー山脈国立公園　アメリカ……p17
グレート・ブルー・ブルー・ホール　ベリーズ……p25
玄海町の棚田　佐賀県……p152
ゴーザフォス　アイスランド……p44
紅海灘風景区　中華人民共和国……p65
コトル湾　モンテネグロ……p36

さ

サンタクロース村　フィンランド……p141
サントリーニ島　ギリシャ……p56
サンミッシェルデギレ礼拝堂　フランス……p101
三游洞　絶壁レストラン　中華人民共和国……p88
シグナルヒル　南アフリカ共和国……p33
シャウエン　モロッコ……p104
スカフタフェットル国立公園　アイスランド……p13
スピリットアイランド　カナダ……p40
セノーテ・イキル　メキシコ……p144

た

竹田城跡　兵庫県……p129
ダナキル砂漠　エチオピア……p69
ダルヴァザ　地獄の門　トルクメニスタン……p24
チチカカ湖　ペルー・ボリビア……p149
角島　山口県……p133
天門山ロープウェイ　中華人民共和国……p81
トレド　スペイン……p32
トロルの舌　ノルウェー……p21

な

ナヴァイオビーチ　ギリシャ……p116
南極大陸のオーロラ　南極……p140
なばなの里　三重県……p85
ニューカレドニア
　フランス領ニューカレドニア……p45
ニュルンベルクのクリスマスマーケット
　ドイツ……p100

は

パゴダ　ミャンマー……p136
ハット・ラグーン　オーストラリア……p68
パーテルスウォルド　オランダ……p89
ハルシュタット　オーストリア……p37
バンドン　アメリカ……p76
ひたち海浜公園　茨城県……p12
富士山　静岡県・山梨県……p153
プリトヴィツェ湖群国立公園　クロアチア……p60
フリヒリアナ　スペイン……p105
ブルーモスク　トルコ……p84
ブルーラグーン　アイスランド……p113

※本書のデータは2013年7月上旬のものです。
※掲載された情報については、旅行の前に最新情報をご確認ください。
※本書の所要時間・費用・アクセスは目安です。状況に応じて変わる場合があります。
※紹介している内容は例年のものを参考に記載しています。今後変わることもあるのでご了承ください。
※掲載情報による損失などの責任は負いかねますので、あらかじめご了承ください。

ま

マウナケア　アメリカ、ハワイ諸島 p20
真名井の滝　宮崎県 p145
マーブル・カテドラル
　アルゼンチン・チリ（通称パタゴニア） p76
メープル街道　カナダ p28
モラヴィア　チェコ p125
モノ湖　アメリカ p72
モンキーポッド　アメリカ、ハワイ諸島 p132

や

ヤムドゥク湖　中華人民共和国 p124
湯西川温泉　栃木県 p148

ら

ランタンフェスティバル　台湾 p108
ラントヴァッサー橋　スイス p120
ランペドゥーザ島　イタリア p48
リオマッジョーレ　イタリア p57
レンソイス・マラニャンセス国立公園
　ブラジル p64

わ

ワカチナ　ペルー p96

コラム
わたしが行った世界の絶景

①　マチュピチュ・ウユニ塩湖 p11
②　ウルル p31
③　屋久島 p75
④　ギザのピラミッド p99
⑤　フィレンツェのドゥオーモ p119
⑥　番外編:日本一周 p139

Facebookページ
「死ぬまでに行きたい！世界の絶景」の
56万人のファンが「いいね！」した
絶景ランキング p50

Profile

詩歩　Shiho

1990年生まれ。静岡県出身。早稲田大学卒業。
インターネット広告代理店に勤務した後、現在は「絶景案内人」として活動。
運営するFacebookページ「死ぬまでに行きたい！世界の絶景」が現在63万いいね！を超える。
2013年8月に書籍化され、シリーズ累計43万部を突破。（数値はいずれも2014年9月時点）
旅行商品のプロデュースや講演活動、企業とのタイアップなども行っている。

「死ぬまでに行きたい！世界の絶景」
https://www.facebook.com/sekainozekkei

死ぬまでに行きたい！世界の絶景

2013年8月1日　発行
2014年10月3日　第17刷発行

著　者　詩歩
発行人　塩見正孝
発行所　株式会社三才ブックス
〒101-0041
東京都千代田区神田須田町2-6-5
OS'85ビル3F＆4F
電話 03-3255-7995（代表）
FAX 03-5298-3520

旅行情報協力
H.I.S.国内旅行事業本部
田島裕司
小出紫津子
小倉勝弘
砂山篤史

印刷・製本　株式会社山田写真製版所
プリンティングディレクター
村田治作（株式会社山田写真製版所）
協　力　板倉利樹（株式会社山田写真製版所）

デザイン　平塚兼右（PiDEZA Inc.）
本文組版　平田景子、矢口なな、
平塚恵美（PiDEZA Inc.）
イラストレーション
中川めぐみ

編　集　千田麻利子

Special Thanks
Domenico Formichella
Facebookページ「死ぬまでに行きたい！世界の絶景」の
ファンのみなさま

ISBN 978-4-86199-611-5 C0026

本文用紙は日本製紙石巻工場で商品開発された
Monte Lukia（モンテルキア）を使用しています。

写真提供　**アフロ**
John Warburton-Lee
田中秀明
SIME
堀町政明
Aurora Photos
山下茂樹
西垣良次
Jon Arnold Images
Alamy
林博之
Christof Sonderegger
Barcroft Media
Prisma Bildagentur
mauritius images
Carr Clifton/Minden Pictures
隈部澄男
Jose Fuste Raga
高田芳裕
AGE FOTOSTOCK
片岡巌
Galen Rowell
角田展章
HEMIS
花香勇
Caters News
中村正邦
isifa
Robert Harding
Bluegreen Pictures
福田竜也
Rapsodia Production
Imaginechina
富井義夫
NORDICPHOTOS
田中重樹
黒田績生
REX FEATURES
鍵井靖章
保屋野参
Science Photo Library

ピクスタ